当代价值与文化丛书

韩 震 主编

启蒙传统与教育现代性

qimeng chuantong yu jiaoyu xiandaixing

王 葎 ◎ 著

人民出版社

目　录

引　言

现代以前，千百年来教育的主要使命都在于揭示、开启以及教化人的道德生命。然而，这一稳定的教育矢向，在启蒙运动那里受到了空前的逆转。

启蒙给现代主流教育带来的革命性变革，源于启蒙功利主义在理论和实践上的双重逻辑力量。它向现代教育所要求的是：最能增进功利幸福的工具性能力、工具性的智慧和理性、科学和客观知识、工具性的训练和生产。启蒙运动的幸福论取向，不仅在其后的几百年里，极大地改变了教育发展的方向，而且，由于现代教育在推动功利创造方面的巨大成功，使得这一趋势几乎往而不返。

然而，就教育是一种使"偶然成为的人"朝着"认识了自己的真正本性而可能成为的人"转化——这一教化的本真使命而言，在启蒙主流及其教育的通用逻辑中，我们看不出使教育成其为教育的最根本性状。

卢梭在启蒙压倒性的欲望主流中，独自重启了人类天性中古老的灵肉善恶之争，并试图以一种现代的方式重整人之欲求的出现次序，将和谐复归于世界。他重申人类生活及其教育中古老的德性之维，在传统德性论将道德依赖于他律的地方，卢梭显示了自己真正的启蒙特征：道德获得了自由的本质。

启蒙现代性给现代教育留下了一笔巨大的遗产，同时利弊相生，也给我们留下了大量复杂的难题。卢梭对启蒙主流思想的激烈批评表明，现代性在其源头，就表现出了一种可"选择性"的特征。因为这种可选择性，启蒙运动的遗产才以如此和而不同，甚至尖锐对立的方式呈现给我们，既赠予我们各自的答案，也赠予了各自的问题，留待我们选择和解答。

因此，新的回应和选择需要一再返回启蒙时代，经由对这个现代性奠基时代的检讨和扬弃而重新开始。由"洛克"和"卢梭"所开创的启蒙现代性两个不同面相之间的复杂统一和对立，及其所呈现的成就与失败，提示给现代教育的可能选择是：德福一致是人类生活及其教育值得追求的整全目标，但是要在当代教育中真正实现这种互补，却不是简单地把这两极相加就能奏效的。在长期偏颇于启蒙谋划的"幸福"路向和"德性"路向之后，当代教育若要有一个更好更圆融的选择，既不可能是以一方统一另一方，也不可能是两者的简单合并。启蒙思想中的每一个面相都必须经过审慎的批判和反思，才能够有效地整合在当代整全教育的目标体系及其努力中。

本研究以思想史为依托，试图描述启蒙话语中，与教育现代性谋划同时展开的、对教育现代性问题反思的思想线索。尽可能清晰地表明从笛卡尔、洛克到爱尔维修以至卢梭、康德，围绕着幸福与德性、自我与他者以及"自然"与"建构"等问题，对现代教育理念及其成就的反思，既揭示现代教育知性和功利倾向的深刻危机，同时也说明它们强劲地参与了教育现代性的深度发展，并以其自反性姿态，表征了现代教育自我反省和自我修复的功能。

在整个研究中，"启蒙"既表现为一种广阔的现代性语境，也展开为一段具体"历史"和"传统"中的人物与问题。依托对于一段人类思想史的"典型"考察，梳理出构成现代教育内在紧张的历史和逻辑线索。研究包括七个部分，分为引言、结语和作为主体的五章。

引言与第一章，总体描述启蒙话语与教育现代性的内在关联，回答"为什么要回到'启蒙'"对于反思教育现代性的意义何在。

第二章"启蒙的许诺和限制"，主要说明启蒙运动在颠覆传统价值体系中形成的思想原则、精神气质，意在说明，这些原则既颠覆了旧的价值原则，又帮助构造了启蒙价值系统，同时也为现代教育预留了合法性危机和消解性因素。

第三章"现代教育的'幸福'路向"，主要梳理启蒙主流思想家的现代性诉求。启蒙主流思想家构成现代性的中坚，他们诉诸理性以及由此带来的进步和幸福，具有重大的历史意义。基于启蒙主流话语对人类追求"幸福"本性的断制，从霍布斯、洛克到法国百科全书派，英国苏格兰启蒙运动，包括斯密、休谟，欧洲启蒙时代的思想家正是循着追究"本然的人"、"基于本然而应然的人"、"通过教育而成为应然的人"的进路构筑了关于人及其教育的学说：教育的目的就在于造就善于合理地自我保存的人，对"幸福"的追求是教与学的"中枢"，其他一切价值都只是谋求、增进幸福的手段。启蒙奠基的教育现代性忠实地体现了这些思想原则与价值理念，

3

他们确立了启蒙教育的垄断地位，同时也堵塞了整全教育的可能。

第四章"现代教育的'德性'传统"，重点分析卢梭的教化方案。按照卡西勒的说法，卢梭奏响了启蒙运动"幸福主义合奏"中的不和谐音。在启蒙现代性解放欲望的事业如日中天的时候，卢梭以一种极端的方式挑战启蒙幸福和高尚的神话，重申人类生活及其教育中古老的德性之维。

《爱弥儿》是卢梭关于本真的人的完美教育，或关于完美的人的本真的教育的经典论述，意在重建人的良知与德性——精神的崇高维度，反抗启蒙主流基于感官欲望的价值平面化。但与后者一样，卢梭的"本真的人"仍是孤立的个人，他孤立于历史、孤立于传统和他人。本真—完美的人及其道德人格的重建将从哪里获得价值资源和意义视野？对此，卢梭是矛盾的，他既重续了传统又在根本上中断传统，既强有力地推动着启蒙事业又完全无法被启蒙引为同侪。正是这种极端的内在张力，充分地表现了卢梭所有的复杂和暧昧。

第五章"德福之间的教育取向"，试图建立一个两面的分析框架，既包括启蒙主流的现代性谋划所提出的问题，也包括为解决问题而导致的问题。从根本上说，现代教育的难题源于启蒙现代性价值诉求的内在困难，这些难题，涉及教养的平面维度与垂直维度（平面：欲望、幸福、功利追求；垂直：德性、崇高、英雄维度。语出保罗·蒂里希"乌托邦的政治意义"）①；关联着教育的工具

---

① 参见保罗·蒂里希：《乌托邦的政治意义》，选自《保罗·蒂里希选集》，上海三联书店1999年版。

性与本体性；体现在教育的认知功能与教化功能之中；更呈现为"本真"的个人与现实的他者的矛盾。

　　结语部分，试图阐明在长期偏颇于启蒙谋划的"幸福"路向和"德性"路向之后，当代教育若要有一个更好更圆融的选择，也许只能寄望于对德福一致的整全的人及其教育的寻取。带着启蒙时代的冲突与争论，进入对人性之全的体认；对健全人性的"自然的"和"建构的"教养途径的探讨；自我与他者世界的辩证关系的重建；与"幸福"关联的权利维度和知识维度、与"德性"相关的崇高维度和公共精神，以及两者之间关系的合理确立——这一切也许就是教育现代性方案中未竟的努力和可能的选择。

第一章

为什么要回到启蒙？

> 根据普遍的看法，作为一个历史时期的启蒙运动随着法国大革命的结束而结束。作为个人和社会的思想过程，启蒙运动原则上永无止境，具有不可磨灭的现实意义。
>
> ——《以启蒙的名义》

启蒙运动是18世纪欧洲的一个历史事件。然而，在今天反思启蒙的意义，所指并不为特定时空所局限，其实质涉及广泛的人类精神的一些根本纠结。启蒙背后的议题及其问题架构，因其特有的丰富与复杂，涵盖了一系列至今仍然纷纭不断的思想争端：启蒙是专属于西方的、仅限于18世纪法国启蒙运动的历史叙事，还是一种人类普遍处境在世界历史进程中的渐次展开？旨在引导人类走出"蒙昧之黯"的启蒙，面对现代人从"自然洞穴"进入"人造洞穴"的存在焦虑，其"弃暗投明"的抱负是一种进步，还是自负的幻觉？从不间断的各种争议交错纠缠着此后的时代，在日益远离启蒙的同时又一再回到启蒙。

第一节 启蒙的"中西之别"

对于"启蒙"的探究，通常被认为是在谈论西方思想史的一个问题。确实，无论是狭义的启蒙运动，还是广义的启蒙精神，包括对于启蒙的种种反思与批判，在其源头上更多归属于西方的思想传统。由此，我们首先要澄清的问题是：启蒙精神是否为欧洲或西方世界所独有？当今，我们谈论启蒙的目的何在？

一、西方世界的多元启蒙模式

传统对于启蒙的研究，视野主要集中于欧洲。而早期西方世界的启蒙研究，又主要聚焦于法国启蒙运动创发的思想以及这些思想的伟大输出。过去的两个多世纪里，法国一直被认作是启蒙运动的典范。对此，阿伦特曾不无遗憾地感叹：一个令人伤心的事实是，以灾难为结局的法国大革命创造了世界历史，而美国革命，尽管它成就斐然，却依然被认为是一个只具有局部重要性的事件。按照美国学者希梅尔法布的分析，法国启蒙运动之所以出类拔萃、受人关注，除了在于它与法国大革命的联系，最主要的是它预见了一个有着明晰的特性和目的、富有凝聚力的哲人或文人群体，这个阶层凭借对自身在世界历史中的角色与地位的特殊敏感，开启了一场旨在塑造人类公共观念的伟大进程。

《百科全书》集中体现了法国启蒙运动的精神。在"百科全书"这篇文章下，主编狄德罗表达了对于这项事业有史以来的最大雄心：搜集所有散落在地球上的知识，让它的一部结构为我们身边所有人所知，并将它传承给我们的后代。这样，就使得这个时代和所有时代的人，不仅更聪明，而且更高尚、更幸福。①

随着现代社会关于启蒙的种种是非争议，越来越指向关于理性、自由、科学、进步等"法国特色"的启蒙思想，英、德、美等国的启蒙运动开始被纳入启蒙重要的思想资源，并因此引发了当今世界对于启蒙观念的重新定义。"如果说在法国启蒙运动的精髓是它的理性，苏格兰启蒙运动体现的是难能可贵的美德的社会学，他们共同贡献了启蒙的社会、政治与文化内涵。"②

不同于法国启蒙学者力图使整个世界"理性化"的自命不凡，苏格兰启蒙从一开始就与亚当·斯密等道德哲学家的名字联系在一起。对"同情"、"怜悯"、"情操"的偏爱构成了整个 18 世纪活跃于英国哲学与道德话语的伦理基础。对于英国的道德哲学家来说，理性只是达到更大社会目的的工具，不是目的本身。而道德感，即使不是人类思维所固有，它也以怜悯心或同情心的确定形式，在人类的敏感心性中拥有与固有观念一样的强制力量。

正是出于对道德感及其社会情感价值的看重，苏格兰启蒙贡献

---

① 希梅尔法布：《现代性之路：英法美启蒙运动之比较》，复旦大学出版社 2011 年版，第 87 页。

② 同上书，第 13 页。

了与以"思想的运动"著称的法国启蒙不一样的启蒙模式：启蒙运动不仅是一次知识的、思想的运动，更是一场社会运动。苏格兰启蒙学者把美德、社会情感看做社会的基础与动力，试图寻求个人自由与政治社会的和谐。对此，托克维尔在其《旧制度与大革命》一书中，曾将"法国的哲人"与他们的"英国同道"进行了一番别有意趣的对比，形象地描画出这两个国家启蒙知识分子所扮演的角色差异：

> 在英国，政府理论方面的作家和实际参与管理的人相互合作，前者提出他们的新理论，后者根据实际经验修正或限定它们的范围。在法国，方案与实际是分开的，一直掌握在两个完全不同的群体中，其中一方进行实际的管理，另一方提出抽象的原则。①

17世纪、18世纪到19世纪初的西方，在思想观念与社会运动领域，确实存在一个关于启蒙的不同形态的多元模式。其典型形态，除了法国、英国，另一个是德国的启蒙运动。18世纪下半叶，启蒙思想开始在德国传播，到了18世纪80年代，启蒙在德国已经成为一个相当时髦的词汇，人们纷纷表示自己具有启蒙精神。然而，到底什么是启蒙，什么是依靠自己的理性，其实质内涵却一直模糊不清。康德第一次概括了从伏尔泰、孟德斯鸠开始的启蒙思

---

① 希梅尔法布：《现代性之路：英法美启蒙运动之比较》，复旦大学出版社2011年版，第86页。

想，最终以一种"德国式"的深刻界定了启蒙精神的核心——要有勇气运用你自己的理智。"是康德综述了这个时代。从此以后，我们提到启蒙都不可能绕过他。"①

德国启蒙运动的代表人物是康德、黑格尔等人，其任务就是思想观念先行，在反思英法近代思想观念和神学政治问题的基础上，奠定人的主体性和民族历史的主体性……②

上述西方世界三支性质各异的启蒙脉络，因其各自特定的社会与政治内涵，引发出不同的社会及政治后果，彼此间也始终纠缠冲突不断。那么，既然启蒙思想在其源头处，尚且因为各民族国家特有的历史与社会状况，表现出如此明确的"国别之分"，换言之，回顾欧洲的经典启蒙运动，只要我们不是将西方作为一个简单的整体，而是将视野集中于某个特定的群体，其内部的不和谐与冲突就会显而易见。面对构成欧洲现代文化基石的启蒙传统，及其形成过程所伴随的各种分歧与争论，启蒙的"普遍性"意义如何能够说明？

二、启蒙精神的"跨越性"可能

按照康德"石刻般"言简意赅的定义，启蒙就是要敢于认识，

---

① 陈乐民、史傅德：《对话欧洲：公民社会与启蒙精神》，三联书店 2009 年版，第 61 页。

② 许纪霖主编：《启蒙的遗产与反思》，江苏人民出版社 2010 年版，第 52 页。

鼓起勇气，运用自己的理智，解除人自己加之于自己的不成熟状态。康德对于启蒙的总结道出了启蒙时代的本质，它不仅给予欧洲国家一份悠长的"光明世纪"的自豪，同时，更因其间所蕴涵的关于配称这份自豪的前提而"功德无量"：第一，启蒙的特征在于勇于独立思考。"这一决定启动的是排除谬误和偏见的进程，最终将人从特殊限定中解放出来，逐步释放具有普遍人性和严格的普遍性的理性。"① 第二，启蒙不是一劳永逸的确定观念。它意味着，作为一个历史事件的启蒙运动随着法国大革命的结束而结束，而作为个人和社会的思想过程，启蒙运动原则上永无止境，永远具有不可磨灭的现实意义。第三，启蒙理性的自主，同时包含着对自身合法界限的厘定。"它不是笼统地宣称一切在理性的审判台前得到规定，而是进一步由理性自身规定权利的界限。规定事物者，必先自己受规定。审判他人者，必先自己受审判。康德关于启蒙任务的提出，标志着欧洲近代启蒙的深化与成熟。"②

正是在此意义上，启蒙获得了其"跨文化的"最为丰富的所指：启蒙不是某种确定性的启示之光，而是关于人类各种可能性的探索。每一个人，作为启蒙的主体，都有可能打开一扇通向未来的可能性之门。

现代性确实蔓延到了世界大部分地区，但却没有产生一个单一的文明，或一种制度模式，而是产生了多种社会或文明的

① 黄燎原等编：《以启蒙的名义》，北京大学出版社 2010 年版，第 9 页。
② 叶秀山：《启蒙与自由》，江苏人民出版社 2013 年版，第 3 页。

发展。即使在西方文明定义的大框架内，产生的也不是现代性的一种而是多种文化方案和制度模式。①

第一，启蒙的实质就是一个"现代化"的展示过程，而不单单是一种理论的结构。作为一个现代历史进程，启蒙正是从它原初的起点处，逐渐通过在不同国家内的扩展，进而展示其丰富内涵。换言之，启蒙在不同国家的不同形态，以至于后来发展成为一个世界运动，既是启蒙自身丰富内涵的说明性呈现，也是启蒙在人类生活中的内在性与普遍处境的充分明证。

单纯讲苏格兰启蒙对中国的示范意义，或者法国的启蒙对中国的示范意义有多大，抑或德国的启蒙对中国的教训有多么深刻或沉痛，这都是一种仅仅将启蒙限定在一个国家范围内的说辞。就启蒙的内在互动或自我呈现而言，作为国别的法国启蒙、英格兰启蒙或德国启蒙，又或是作为社会运动的欧洲启蒙，从欧洲启蒙演进到北美启蒙，从北美启蒙演进到整个世界的启蒙运动，其实都是对启蒙精神的渐次凸显而已。②

真正的启蒙是一项人类共谋的事业，启蒙时代所确立的精神原则尽管或多或少带有具体民族的印痕，却无可争议地拥有对整个人类文明史而言的普遍意义。唯其如此，我们今天谈论启蒙，就不能

---

① 艾森斯塔特：《反思现代性》，三联书店 2006 年版，第 7 页。
② 资中筠：《启蒙与中国社会转型》，社会科学文献出版社 2011 年版，第130 页。

将其仅仅局限于一个简单的、具体的历史叙事。长期以来，我们习惯于将启蒙划定为归属某个区域、切割为某个具体国家的事务，或理解为一些教条式的理念与制度形式，并以此来判定启蒙的价值及其对自身的意义，这些对于启蒙的理解，其实质是对启蒙精神的封闭性对待。

第二，普遍精神与特殊精神间的紧张，构成经典启蒙观念的主流。启蒙运动以理性的名义对世界进行阐释，这种阐释服从一种普遍的理性原则，一切真理也因此完全依靠这一原则来甄别。然而，作为人的独特标志、从而让人在所有生物中脱颖而出的理性，对具体个体而言却各不相同。于是，启蒙的理性原则事实上同时承带着另一个结论：启蒙不应该只是理性以其普遍性对所有相异因素的系统整合，当启蒙通过理性的规定被确定为某种一般性的东西，启蒙也就走向了终结。启蒙原则中另一个可能的也是关键的结论是：人们要大胆运用的原本是分属不同主体的"具体"理性。

在这样的一个境域里，启蒙不是一个凌驾于所有人之上的理性的纯粹的运动，也不是人类的一个群体对另一个群体、一个族类对另一个族类、一个人对另一个人的单向度教化。每一个个体作为自为者都是启蒙的主体；与此同时，每个主体对于另外一个主体都可以是，或者也应当是一个批判性的主体……启蒙的核心在于主体的自主行动。①

---

① 黄燎原等编：《以启蒙的名义》，北京大学出版社 2010 年版，第 22 页。

在这里，对于启蒙理性的"普遍性焦虑"转化为另一层意义上的担忧：理性一旦成为特殊的东西，启蒙还会有什么样的意义？每一个自为者与由他们构成的不同群体之间究竟如何协调？福柯正是在此视域下，将康德"堂皇的"启蒙理论拆成了碎片，并试图从"片段的边缘"追问启蒙的意义。问题在于，当启蒙的理想不仅在于拓宽少数人，而且要拓宽大众或"每一个人"的思想视野，那么，其可能的结果是，一个人、一个社会、一个文化将可以因此摆脱狭隘与自封，并产生对其他文化的好奇、尊重、开放与宽容。在今天，无论欧洲、中国还是其他地方，启蒙提供给我们的一项可以共享的重要成果就是：它可以帮助我们摆脱伴随自身成长的一孔之见，用开阔的视野取代狭隘的眼光。"启蒙提供了有助于人类彼此间人文理解的可能：一是理解他人的不同之处；二是理解自己与他人的共性；三是通过相同与差异更好地理解自己。"①

因此，启蒙就不仅仅是欧洲近代的一个特殊现象，它应该被理解为一个丰富多样的独立思考与行动的过程。启蒙精神所具有的内在包容与紧张，既提供其自我反思、自我纠正以及自我提升的多样资源，更为启蒙的当代命题开掘提供了内在推力：启蒙涉及对于人类现代处境的普遍关切，决定了它不单单是属西方的命题或只解决"西方"的问题。与此相对应，启蒙作为内生的人的觉醒状态，它所具有的自我发动与自我澄清的机制，使得启蒙本身一直展示为一个不断充实与更新的过程。作为一项未完成的谋划，启蒙所提出的许多价值追求，今天远远没有能够实现。

---

① 黄燎原等编：《以启蒙的名义》，北京大学出版社2010年版，第10页。

三、启蒙的中国命题意涵

西方划时代的启蒙运动至今,其历史已经走过两百多年,贡献了对于现代世界具有重要意义的理性、自由等现代性价值理念。身处东方世界的中国,其"祛弊启蒙"的古老观念,从最初提出至今已近两千年,原初意涵与现代从西方引入的启蒙概念大致切近。

在汉语里,启蒙是一个复合词,由两个性质不同的"单词"构成。一是作为动词的"启",其本义是打开,进一步引申为启发、启导;另一个是作为名词的"蒙",指一种草本植物,引申为蒙翳、蒙昧。由此,启蒙一词的本义就是祛除遮蔽之物,显露出被遮蔽的东西。换言之,启蒙概念在词源上由隐喻而来,它的核心内容就是祛除蒙昧使得理智彰显。

中国传统启蒙概念所包含的祛除遮蔽而发扬理智的意涵,在一千八百多年的历史演进中虽不断得到深化,但其观念的本义所指一直"初衷未改"。这多少说明,具有五千年文明史的中华民族,与同样具有悠久文明的西欧民族之间存在着某种历史共性。然而,因为原初文化的自我积累与历史上各文化间的相对闭塞,形成了世界各民族特殊的文化生态与类型,从而使得中西文化在其现实的现代化进程中,又遵循各自特定的历史逻辑,呈现为启蒙语境中有所分别的不同使命与境遇。

不同于西方启蒙思想家认个人自由为一种权利,因而提出以理性界定权利,进而构建现代制度保证权利的实践路径;中

15

国传统的启蒙思想家视个性自由为"道德新境界",并据此要求承认个性自由的合道德性,最终寄望未来的"大同社会"来解决问题。与此相关,西方的启蒙平等观推崇权利平等,并试图依托民主政体进入制度性建构;传统中国的启蒙平等则更多关注道德境界的"人格平等",体现为一种尚未进入道德实践的"社会期待"。①

按照韦伯的说法,近代欧洲社会的发展有其巨大的偶然性。既是偶然性,就意味着事关不同群体的、多种发展的可能性。整个世界的变迁原本具有多种可能,尽管在今天这种可能性范围有所收缩,但是人类未来的出路依然是多样的。

不同的民族国家都拥有各自内发原生的文化生命的种子,中国的现代性同样拥有自己的价值"起点"。在黑格尔看来,起点之所以为起点,就在于它不仅意味着事物发展的"开端",存在某种不完善的因素,更包含着"引自身向前的冲动",即成为事物扬弃自身不完备而向前演进的内在动力。因而,起点就不能被理解为独立于逻辑之外的一个初始的原因,相反,它是一种向内的进展和深入。"起点"不是产生一系列与自己完全不相同的东西,而是逐步展示出它的深度与潜藏的真理。由此,启蒙的现代性价值,对于中国社会而言,就不是寻找中国历史文化链条之外的东西,其发展的"起点"蕴涵在自身历史发展的链条之中。

当今社会,启蒙概念在中国语境里已超越其原初的特定所指,

---

① 胡建:《现代性价值的近代追索》,上海人民出版社 2008 年版,第 67 页。

变得日益多元丰富起来。然而，极具复杂意味的是，伴随着对于启蒙概念理解的丰富多样，是"全球化"时代人们生活方式的日益趋同，这其间存在的某种程度的反差，同时提示我们，尽管启蒙现代性的价值内涵纷繁复杂，但是，它所确立的核心意旨至今仍是世界历史潮流中不可忽视的一种主导性力量，承担着"世界现代化"进程中重要的"跨文化的"意义承当。"无论来自何种文化，每个人都面临着自己承担责任的任务。启蒙并不具有欧洲中心主义，而是具有跨越文化和历史时期的普遍主义的特征。"① 各民族国家的多元文化共存与对话，唯有奠基其上方能具有实质性的进步意义。

当今世界，"全球化"进程必然带来一些"世界性"相互共享的价值认同。无论我们接受与否，中国社会近两个世纪以来的历程，使得中国人的生活格局已经同启蒙后的世界格局密不可分。

中国的启蒙，主要不是在"非此即彼"、"非中即西"之间进行选择的问题，也不是一个在中国内部的古今决断的问题。而是一个在古今中西四维中凸显的，中国要不要认同现代理念、建构现代国家的问题。②

当代中国，只有从一种广泛的世界性文化中吸纳并消化"现代性"价值，才能全面完成自身现代化的历史任务，进而积极有效地参与"世界现代化"进程。这里需要强调的是，个人的自主

---

① 黄燎原等编：《以启蒙的名义》，北京大学出版社 2010 年版，第 47 页。
② 资中筠：《启蒙与中国社会转型》，社会科学文献出版社 2011 年版，第 132 页。

需要从承认自身文化属性的差异性开始，世界性的文化价值认同绝不能抹杀不同文化的个性，它只能是多元文化在彼此交往和互补的基础上，在面临共同问题的对话与"商谈"中，逐渐达成的价值共识和利益共享。在此境况下，文化变迁的基础与动力仍然在本土，各民族国家始终是现代化的主体，现代性价值只能在民族传统的创造性转化中才能逐步实现。中国社会只有借助世界性的文化交往，吸收"现代性"价值，并在与自身传统价值的整合中发展成为既是民族的又是世界的，即它的民族性扩延为包含有世界性意义的民族性，同时，世界性也成为寓于民族性之中的世界性。

第二节　启蒙的"是非之辩"

18世纪以来，关于启蒙的各种是非争议一直不绝如缕。启蒙从一开始就是一个具有内在紧张的传统，其中既包含着许多明确的主张——比如勇敢地、公开地使用理性，同时也包含着对这些主张的怀疑与反思。

一、作为"问题"的启蒙

启蒙是伟大的现代性之母，它开创了现代社会和现代生活，却也从此播下了冲突的种子。备受责备的启蒙，其所受指控的多样让人惊奇也让人迷惑。

据说，启蒙运动对权利与自由的激情导致了这样一个法律和机构体系，这个体系在国家与个人之间没有留下任何东西，唯有选择契约和授权的资格，从而削弱了对于共同体的任何感觉。也有人这样说，启蒙运动对道德冲突的悲剧特征麻木不仁，它天真地假设所有的困境都有简单的解决办法。也有人这样来责难启蒙，说它热爱"主人式的元叙述"，敌视他者，表现出强烈的种族主义和男性至上主义……①

作为对启蒙引发的诸多问题的集中声讨，麦金太尔在其著名的《德性之后》中，专门论述了启蒙道德合理性论证的失败。在详细呈现了克尔凯郭尔、康德、休谟、斯密等人对于道德合理性论证的失败逻辑之后，麦金太尔进一步揭示了因为启蒙论证失败所引发的当代道德困境：道德行为者试图从传统外在权威中解放出来的代价是，所谓自律行为者的任何道德言辞将同样面临失去其全部权威性的内容。因为，既然各个道德行为者可以不受外在权威的约束，那么，其他人又为何要听从他的意见？按照麦金太尔的分析，启蒙思想家们构建道德有效性论证的运动，都是从他们所理解的人性前提出发，推出关于道德规则的权威性结论。"我要指出的是，任何以这种形式出现的论证都必然失败，因为在他们所共有的道德规则的概念和他们的共同的人性概念之间，存在着一种根深蒂固的不一致。"②

---

① 施密特：《启蒙运动与现代性》，上海人民出版社 2005 年版，第 1 页。
② 麦金太尔：《德性之后》，中国社会科学出版社 1995 年版，第 67 页。

　　启蒙运动试图构造一个新的道德哲学，这个企图最终却以失败告终。它要么留给我们一个贫乏的道德景象，一个对所有无法还原到工具有效性的价值进行压制的景象，要么留给我们一个变质的有问题的道德话语，在这个话语中，伦理评价退化为一种个人主观偏好的伪装。①

　　启蒙的"问题"与"危险"从一开始就是一个公开的事实。18世纪以来，启蒙与"反启蒙"的力量一直相互纠缠，共同构成人类社会运转的社会史、观念史和政治史。当康德指出启蒙的原则就是勇于运用自己的理性时，启蒙概念看起来获得了其最为确切的所指。然而，当启蒙通过理性的规定而被确定为某种"一般的"、具有普遍性的东西，它同时承带了一个可能的理论困境："人运用理性的活动在逻辑上颠倒为人被理性运用的活动。启蒙的主体因此就成了虽然与人有关却在人之外的东西。"② 最终，以普遍理性行事的启蒙在主体问题上陷入了一个可能自我消解的困境。

　　现代世界，启蒙的问题仍然一次次地被反复提及。按照霍克海默与阿多诺的批评，试图把这个世界从神话与迷信中解救出来的启蒙运动，在现代社会的各个领域——哲学、宗教、政治、文化——都已经被证明陷入了一种致命的辩证法：启蒙一直意在把人从恐惧中解放出来，确立起人的崇高地位，并从此创造一个新世界，然而被启蒙后的世界却包含着现今随处可见的倒退的种子。

---

① 泰勒：《自我的根源：现代认同的形成》，译林出版社2001年版，第321页。
② 黄燎原等编：《以启蒙的名义》，北京大学出版社2010年版，第16页。

启蒙"自我摧毁式"的神话返回表明，启蒙对"神话"的表面上的征服，同时证明了这一过程是启蒙与自己的一场争斗。按照霍克海默，他们对启蒙毫不妥协的分析与批判，似乎本身也宣告了启蒙理性能力的积极功能。只有通过对启蒙的历史进行一个无情的否定性的批评，才有可能赎回启蒙运动曾经的希望。

在哈贝马斯看来，正是因为"反思"处于康德启蒙概念的核心，以及其间所具有的解放性意味的许诺，代表了18世纪启蒙精神赠与我们的永恒遗产。简单的"反启蒙"蕴含着自我颠覆的危险，事实上，启蒙自身具有非常丰富的资源，它的内部具有极大的紧张性。

> 欧洲近代的理性传统有两种不同的资源：一种是法国笛卡尔式的唯理主义；一种是英国培根、洛克式的经验主义，这两种传统形成了一个内部相互批判的趋势。启蒙内部不仅有理性，也有怀疑。理性包含着自负与怀疑双层含义：一方面相信理性全知全能；另一方面又怀疑理性之外的一切权威。这个怀疑精神追究到底，最后也要质疑其自身。恰恰是启蒙思想中的怀疑，构成了对于唯理主义的平衡，成为消解理性独断的一味解毒剂。①

作为问题的启蒙，确实揭示出了启蒙内部的固有矛盾：启蒙赋予人选择的自由与理性的能力，但安身立命的问题单凭理性却不足

---

① 许纪霖主编：《启蒙的遗产与反思》，江苏人民出版社2010年版，第21页。

以解决。同样，以世俗化为标志的现代性，其所到之处可以给人们带来繁荣的物质、文明的制度，却无法解决人们心灵深处的文化认同。但同样是这些"问题"，提供给启蒙以"苦口良药"般的希望。

二、启蒙现代性反思的路径

西方世界有关启蒙现代性的探讨，在其开端处，就纠结了许多现代性的内部矛盾和张力。从 18 世纪后期开始，启蒙现代性就已经成为"哲学"讨论的主题。黑格尔被哈贝马斯指认为西方世界第一位将现代性及其困难主题化的思想家：黑格尔发现，现代世界的原则就是主体性的自由……根据这一原则，他同时阐明了现代世界的优越及其危机所在。按照黑格尔对现代性概念的阐释，现代性的原则就是主体性。宗教改革、启蒙运动和法国大革命是贯彻主体性原则的主要历史事件。马丁·路德的宗教改革开启了西方现代性的先声，启蒙运动则开始了现代性的真正谋划。在一定意义上，西方近代以来的现代化发展，都根植于所谓的"启蒙设计"，西方国家发展道路的长短得失，也都可从这种"启蒙设计"中进行探究。

在西方，关于启蒙现代性的研究主要包括三条路径：一是关于启蒙现代性特质及其意义的界定。就启蒙现代性的基本内涵，当前西方学界基本主张，现代性包含着一个必不可少的历史分期概念，它同时具体体现为一种社会生活、社会制度的设计和安排，并表现为一系列独特的精神气质。而启蒙现代性的积极意义，主要在于其所带来的现代社会的进步，以及现代性所开创的西方笛卡尔主义和自由主义的思想传统。

二是对作为"问题"的启蒙现代性的批判。西方有关现代性的最初探讨，始终包含着对现代性的批判。从笛卡尔"我思故我在"发端，经洛克"个人权利神圣不可侵犯"，到康德的"我为自然立法"，现代性以其所标榜的"意志自由"的原则，在生命的每一个领域和层次——社会的政治、经济、文化、教育等方面，为西方世界创设了一套全新的结构。但是，塑造出自由主体的现代性，不仅使得理性自身，也使得"整个生活系统"都陷于分裂状态。现代性带来了西方世界的巨大进步，也使得西方世界充满问题。对此，黑格尔意味深长地指出，"这是一个进步与异化精神共存的世界"，霍克海姆、阿多诺则直接宣告了"启蒙神话"的破灭。

三是针对启蒙现代性的重建。现代性的高歌猛进，伴随着对现代性的质疑与反叛，同样，西方世界对现代性的批判，同时生长着重建现代性的力量。马克思的实践哲学将"理性"纳入人的实践，狄尔泰的生命哲学将理性归入人的历史性存在，列维纳斯倡导"为他者的责任"、阿伦特的"主体间自由交流"、哈贝马斯的"交往理性"等都是西方世界试图重建现代性合法基础的努力。

很显然，西方世界关于启蒙话语以及现代性研究的三种进路，启蒙现代性的"问题"始终在场。对启蒙话语以及现代性的反思、批判成为西方世界现代性研究的主要价值立场。然而，作为"问题"的现代性，在其起源上，尽管是"西方的"，但是，就其对现代社会的意义和作用而言，却是"普遍的"。肇始于西方的现代性，事实上已经构成当今人类发展的整体景观和必然命运。

日前国内学术界的研究，关于启蒙现代性及其价值观的探讨在很多问题上同样取得了积极成果。但是，就总体思路和研究框架而言，基本上都局限于西方学界的话语模式。现代性及其价值观（理性主义、科学主义，人类中心主义）的"问题"被看做一个当然的不证自明的事实和理论前提，对此，基本持反对拒斥的立场，包括近年来一部分有限合理性的主张，同样包含着这种事先预设。

问题是，无论是现代性研究，还是对教育现代性的反思，它不仅表现为一种"观念的运动"，更包含有很具体、很丰富的经验内容。西方现代性的"内生"特性，在根基深处就存在两难，并最终导致了自身游离不定、充满各种危险，同时也充斥着各种"救赎"计划的张力。按照斯密特在《启蒙运动与现代性》一书中的说法，基于多种原因，启蒙运动一开始就倍受责备。事实上，当康德指出作为"启蒙"特征的"出路"，是一个把我们从"不成熟的"状态释放出来的过程，同时也提出了另一个问题，"自主的理性运用如何采取它所必需的公共的形式？"同样，当启蒙被描述为人类运用自己的理性不臣属于任何权威的时刻，也就同时规定了"批判"是在启蒙运动中成长起来的理性法则。

这就是说，西方的现代性奠基在主体性之上，但它始终内生着"进一步确证其正当性"的自我欲求，它意识到，尚需答复"为什么这个世界是好的与可欲的"或者"怎样的世界才是好的和可欲的"这样一些问题。在神圣秩序崩溃之后，现代性的自我确证只能凭借人自身。由于人自身的复杂与受限，因此启蒙现代性在自我确证的同时，必然面对着自我怀疑的命运。一个自我确证与自我怀疑的动态结构，这是启蒙现代性在基础深处即埋藏的、无法逃脱的两难。

由此，反思我们的现代化与现代性研究，作为一种"外源"式的被动过程，我们的现代化追求是在西方对现代性的"声讨"声中发展起来的。而且，在西方，与现代性进程同时展开的对现代性的反思，一开始就内蕴着开掘现代性积极生命形态的努力。在这种境况下，如果我们只是简单地看到现代性的问题，或者只是把别人的问题完全当做自己的毛病，把别人的论说直接照搬为自己的话语，不仅现代性成了一种抽象的、片面的现代性，而且我们关于现代性问题的研究可能本身就成为问题。

现代性有它的普遍性，有它的同质性，更有它的界限。因此，对于启蒙现代性及其问题的研究首先要从一种普遍的、简单的反感中分离出来。同时，需要一种对现代性"限度"的历史分析，而这种历史限度的分析，离不开对一些现代性"事件"的历史性探讨——在"事件"本身的历史与逻辑中，认识现代性的两难在哪里发生、如何发生，对现代性的批判怎样同时构成了现代性自身发展的逻辑？

更为重要的是，现代性，及其价值观的不合理，或者有限合理，不应该只是一种逻辑的推演和论证。对启蒙现代性"历史"探讨的目的也不是寻找形而上学的可能性，它需要把在必要限度中实施的批判，转化一种反思的智慧和实践。这样，无论是作为质疑的对象，还是作为分析的背景，启蒙现代性及其研究才是真实可信、并有价值的。

三、启蒙内部复杂性的启示

按照一种积极乐观的理解，启蒙的本意类似柏拉图《理想国》中所描述的从"蒙昧"洞穴的走出，即人在理性之光的照耀下"自我立法"，构建理性的现代社会。但启蒙"弃暗投明"的过程同时被发现充满了自负的幻觉，现代人自以为启蒙后进入的"光明世界"，一定程度上是现代人自己打造的"人造洞穴"。致力于铲除人的"洞穴性"的启蒙哲学，正使得当今世界陷入了无所归依的现代性危机。

韦伯关于现代境遇中"诸神之争"的论题，集中揭示了启蒙问题的现代后果。施特劳斯认为，古代社会，"诸神之争"作为哲学的内在品质，原本是专属哲人的秘密。现代社会，这个哲人间的秘密被启蒙"泄露"给了大众。启蒙作为一个"泄密"事件，带来了严重的政治与伦理后果。在政治领域，习俗与律法的权威遭到了质疑。在伦理领域，当多元被看做是价值本身的一种客观事实，是任何涉及社会集体生活思考都不可回避的预设。从此，关于"终极价值"与"理想人生"一类问题的答案便具有了一种内在的紧张：我们所认定的终极价值，都有待被进一步的诘疑，它不可能一蹴而就，需要被反复深化与扩张。

施特劳斯对"现代启蒙"的批判当然并不是要对启蒙品格的放弃，事实上，正是其对于价值之客观可能性以及道德与政治秩序规范性根基等问题的思考，构成了他政治哲学中不可抹去的"启蒙时刻"，进而提供给我们关于政治（道德）哲学——道德（价值）教化的重要启蒙契机。

> 启蒙是一次从"自然洞穴"的出走，它永久性地改变了人们对于洞穴的理解。在这个意义上，即便启蒙的"弃暗投明"可能包含着一些误会，但对洞穴性的自觉已经成为我们"洞穴意识"的一部分，这是启蒙丰富而复杂的遗产中的一个重大线索，或许是一个比"理性进步观念"更持久更严重的"遗产"。①

人们对洞穴性的自觉，将会极具意味地改变对自我和世界的理解框架：一旦当"我"知道存在着别样的洞穴，发现"生活可以是别的样子"，必定会开启"我"对于"习俗"的反思与疑问，"我"将不可能将自己的生活世界，理所当然地看做是唯一的、天经地义的真实。在这个意义上，启蒙所造就的实质是一个"开放社会"。而正是由于这种"开放性"，又使得很多东西——道德、政治，包括教育——成为问题。

启蒙运动是人类历史上的伟大事件，在现代教育问题上，启蒙话语更是提供了一笔丰厚的遗产。事实上，整个启蒙思想的创发和传播就是一场巨大的教育运动，从十七八世纪以来持续教化和塑造了一种现代生活形态及其精神方式。在今天，现代性及其后果强劲地参与了人类生活的方方面面。极力倡导人的理性主义精神、张扬

---

① 许纪霖主编：《启蒙的遗产与反思》，江苏人民出版社 2010 年版，第 14—15 页。

人的主体地位的现代性，更是深刻影响着"关乎人的问题"的教育。当"理性和科学"在启蒙运动的纲领中无所不包、无所不能，启蒙以来对知识确定性的追求，直接制造了"知识"与"价值"之间的紧张乃至分裂。按照英国学者诺斯的说法，教育是"两种文化"分裂的重点所在，现代教育不仅承受着这种分裂的后果，而且直接参与并加快了这种分裂的进程。

一种普遍的、"现代性"价值观正在成为现代教育的引领性力量，这种"价值观"使得现代教育不负众望地为知识的繁荣，理智的进步和人类幸福的增进做出了卓有成效的贡献。与此同时，这种"现代性"价值观也使得现代教育面临着种种危机——当旨在造就"整全的人"的教育，只具有实用和功利的偏好；当教育仅仅变成对知识的确定性的寻求与辩护；当教育过程只是对知识的占有，伴随着西方20世纪70年代对启蒙运动以来现代性核心思想的批判，现代性的教育观受到越来越多的质疑。在我国，现代性教育观的合理性也成为20世纪90年代以来学术界的热门话题。

启蒙现代性给现代教育留下了一笔巨大的财富，同时利弊相生，也给我们留下了大量复杂的难题。诚如弗雷德里克·詹姆逊所言："现代性是一系列的问题和答案，它们标志着未完成或部分完成的现代化的境遇的特征。"① 这不仅意味着现代性像哈贝马斯常说的那样，是一个"未完成的方案"，而且同时还意味着，现代性是"可选择的"。正如激进批评现代性的"后现代主义"被称作

---

① 詹姆逊：《现代性、后现代性和全球化》，中国人民大学出版社2004年版，第10页。

"激进的现代性",卢梭对启蒙主流思想的激烈批评,也被布鲁姆等人视为"极端现代性"的先导。这表明,现代性在其源头,就表现出了一种"选择性"特征。正是因为这种可选择性,启蒙运动的遗产才以如此和而不同,甚至尖锐对立的方式呈现给我们,既赠予各自的答案,也赠予了各自的问题,留待我们选择和解答。

因此,新的回应和选择必须一再返回启蒙时代,经由对这个现代性奠基时代的检讨和扬弃而重新开始。在启蒙主流思想家和卢梭之间的激烈对争中,敏锐的研究者能够发现启蒙时代的精神统一。而且,这种统一性经常是在启蒙精神总体"推进"的序列里被描述的。卡西尔认为,由于卢梭,"启蒙运动经受住了它的最危险的论敌的攻击,并成功地从他的攻击下保护了只属于它的财富,这一点再清楚不过地表明了启蒙运动的力量,表明了启蒙思想的严格统一性。卢梭并没有推翻启蒙运动,他只不过是移动了一下启蒙运动的重心。"[1]

卢梭的确移动了启蒙运动的重心,然而,这个新的重心似乎也没能完全取代了洛克的重心。因此,他的重心也许并不能被理解成启蒙运动的统一"中心",更不是现代性日后发展的统一重心。诚然,卢梭是启蒙运动的真正产儿,他以他的不同、对峙乃至偏执构成着启蒙精神的整体。甚至我们可以部分同意布鲁姆所言,由于"他的宽度和全面使得将他完全归入任何一个单一的阵营都不可能。"而反而是"所有那些派别和运动的温床,这些派别和运动一

---

① 卡西尔:《启蒙哲学》,山东人民出版社 2007 年版,第 255 页。

直在丰富、修改、捍卫或者诋毁着宪政自由主义"。① 也许，卢梭对启蒙主流现代性提出的问题都是真正的问题，但他本人对这些问题的解决却也招致了更多的批评。现代化运动乃至现代教育的足迹，也总是在这两个重心之间混乱地徘徊。

启蒙现代性不同面相之间复杂的统一和对立，及其所呈现的成就与失败，提示给当代选择的是：任何试图弥合和兼容两者的努力，既不可能是以一方统一另一方，也不可能是两者简单的合并，而是对两者的同时扬弃与超越。同样，恰当理解的"返回"只能是诉诸对自身传统的"开放"，启蒙的问题仍然需要"不断的再启蒙"来应对。

第三节　启蒙的"古今之分"

时至今日，无论是在西方、还是东方的语境里，启蒙概念都已经日益变得多元起来。尽管如此，启蒙在其开端处无可争议地包含着一个特定的"时代"内涵，这一"时代"特性被那个时代广泛而确信不疑的"古今划界"鲜明地表达出来。

一、作为"古今划界"的启蒙

启蒙的古今划界，其最直接的表征是从"神的世界"到"人

---

① 布鲁姆：《巨人与侏儒》，北京华夏出版社 2003 年版，第 204 页。

的世界"的时间转进。在"古代",人都是在"神"的庇佑下生活的——权力受到神的保护,德性由神规划、日常生活秩序有神来保证,人也因此只从拟想中的神的尺度,获得对于生活意义的理解。启蒙之后,人自身的价值得到了确认,人开始"为自己立法"。启蒙时期的思想家告诉我们,对于人来讲,最重要的是人不需要也不可能依靠"神"来作为自己行动正当性的庇护者,人类必须自己为自己提供行为正当性的证明,这是启蒙基于"由神到人"古今划界的重要分野。

第一,不同于古代社会的"未分化性"与"同质性",现代社会呈现的是祛魅后的"分化"与"丰富"。在剖析并检讨 18 世纪以来现代世界的种种道德危机时,麦金太尔不无缅怀地详尽追述了西方"前现代社会"长久存活的"德性传统"。按照麦金太尔的划分,在古代"英雄社会"里,存在着一个具有高度确定性的角色与地位的系统,人们通过认识他在这一系统中的角色来认识自己,并且通过这种认识进一步明白他应该做什么,每一个其他角色和位置的占有者应把什么归于他。在英雄社会里,道德和社会结构事实上是一回事情,这里只有一套社会连接物,与社会结构性质不同的道德是不存在的。"道德领域的真理就在于道德判断与这个系统秩序的一致"。①

而现代人的文化命运,与古代世界已然大相径庭。18 世纪以来,现代人更加注重求真,并且,将真、善、美分立。如韦伯所说:"有些事情,尽管不美但却神圣,而且正是因为它不美且只就

---

① 麦金太尔:《德性之后》,中国社会科学出版社 1995 年版,第 14 页。

他不美才变得神圣。有些事情，不仅是它不善而成为美的，并且只从它不善这方面看，它才是美的。有些事情虽不美、不神圣、不善，却可以为真。"① 韦伯的这些表述，听起来诡诈难解，却是对于多元分化的现代社会极富象征意味的真理性表达。

第二，不同于传统社会对"至善"、共同体利益的强调与看重，现代社会将个人幸福置于社会所有议程的中心。在传统社会中，人们是通过各种不同社会群体中的成员身份来辨认自己与他人的。在相互连接的社会关系中，每个人都继承了某种特殊的位置，与此相对应的"成员身份"，就不是偶然的属于人的特性，而是构成"我所以为我"的实质，它们部分地甚至是完全地限定着我的责任和义务。在这一道德图景中，隐含着一条关于德性与共同体关系的重要界定：德性与共同体不可分离，不仅德性的实践是在共同体的环境中进行的，而且只有依据共同体，德性才可能得到界定。"在一个有着共同利益（善）的共同体内的对共同利益（善）的共同追求，是传统德性赖以存在的一个基本社会背景条件。前现代的家庭、氏族、部落、城邦和王国都是这种意义上的共同体。"②

对此，麦金太尔不无中肯地指出，古代社群的主要事务是，人们如何能在一起实现真正的善。现代人的主要事务是，当每个人追求自己的利益时我们如何防止人们之间互相妨碍。现代个人主义理解的社会共同体，不过是个人追求自己的利益的竞技场而已，到处都充满了互不相容的目标和利益。

---

① 韦伯：《学术与政治》，三联书店 2005 年版，第 40 页。
② 麦金太尔：《德性之后》，中国社会科学出版社 1995 年版，第 14 页。

这种把一个人的生活整体作为客观的和非个人评价的基本主题的观念，在人们朝向现代前进的某一点上，变得不再普遍有效了。在某种程度上，是不知不觉地过去了。人们进行历史性庆贺的一方面庆贺自己摆脱了强制性等级制的束缚，另一方面摆脱了为现代社会所认为的是迷信的神学束缚。这种特殊的现代自我，在争取自身领域主权的同时，丧失了由社会身份和把人生视作是被安排好的朝向既定目标的观点所提供的那些传统的规定。①

按照韦伯的描画，祛魅后的现代世界，那些终结的、高贵的价值，已从公共生活中销声匿迹，它们或者遁入神秘生活的超验领域，或者走进个人间直接的私人交往的友爱之中。现代社会，从古典自由主义的人本性"自保"，到功利主义的"苦乐计算"，其根本关心的都是本性自利的人们如何相安无事地竞争与合作。

第三，不同于传统社会中个人生活的整体性样态，现代社会的个人生活是分割的、片段式的。前现代的自我概念，是把诞生、生活和死亡连接起来作为一个整体的概念，生活就是对那种作为生活整体的善的追求。而现代自我，却是被分割的。现代个人生活已不成整体，它被分割成不同的碎片，在不同的生活片段里有不同的品行要求。

---

① 麦金太尔：《德性之后》，中国社会科学出版社1995年版，第45页。

　　现代社会道德生活的一个基本特征是，角色道德与职业道德准则的兴盛，不同的职业有不同的准则要求，人们的生活又被自身的不同角色所分割。现代社会生活因而把人们遵循职业角色的道德规范看做是合乎道德的要求。①

　　正是在此意义上，韦伯做出了其著名的"责任伦理"与"信念伦理"的区分。在韦伯看来，现代世界中一切有伦理倾向的行为，都受"信念伦理"和"责任伦理"两种准则中的一个支配。但是，恪守信念伦理——类似宗教意义上"基督行公正，让上帝管结果"——的行为，同必须顾及自己行为后果的责任伦理，两者之间有着极其深刻的对立。由此，韦伯认为，在这个充满利益冲突的现代世界，已经不存在这样一种道德，可以同时用来调节家庭关系、商业关系和政治关系，现代世界，左右着我们生活的，是一些完全不同的善恶报应原则。在这个信仰与理性的统一成为往事的时代，一个以学术为志向的知识人，绝对不可以再充当新时代的先知了。他应当做到的，也是唯一能够做到的，仅仅是力求保持"头脑的清明"并努力传播这种清明。②

　　第四，启蒙的概念框架内，"古代"天然是一个"对手"，一个需要摆脱和超越的对象。对传统的反叛，既是启蒙进步的原初动力，也是启蒙进步的理想归宿。按照施特劳斯的说法，启蒙的本质就是一场"现代反对古代"，"青年反对老年"的"造反"运动。

---

　　①　麦金太尔：《德性之后》，中国社会科学出版社 1995 年版，第 21 页。
　　②　参见韦伯：《学术与政治》，三联书店 2005 年版，第 107 页。

如果说古代常常把"好"的标准等同于"古"，认为"古"就是"好"，"最古的"就是"最好的"，启蒙的逻辑则是：新的就是好的，最新的就是最好，青年必然胜于老年，创新必然胜于守旧。在这样一种强劲的"进步"观念推动下，启蒙必然具有一种不断由"青年反对老年"、"今天反对昨天"的性格，现代观念本能地只相信"进步"和未来。

透过启蒙对"现代的偏好"，不难发现一个显见的事实：启蒙自身的正面命题并未经过真正地论证，它寄生在对传统命题的批评上。启蒙观点的力量来自对别人的控诉，而自身关于善是什么、为什么、如何能够等，都没有能够真正令人信服和真实认同的有力论证。"每个人都因其所继承的东西而具有某种特殊的规定性。"[①] 当作为启蒙核心构成的自我，被弃绝了任何合理的历史，其结果必然表现为一种"抽象的、幻影般的"特性。最终，启蒙取消了对自己正面命题展开论证的可能，并进一步引发了当代无休止的反复多样的道德论争。

西方现代性给人类带来了一个全新的观念，即所谓历史观念的发现。这一发现的重大后果就是，人类开始用"进步还是反动"的区别取代了"好与坏"的区别。由于这种"历史观念"已经如此深入人心，现代人常常忘了"好与坏"的标准本应逻辑地优先于"进步和倒退"的标准。正是在对西方现代性起源的追溯中，施特劳斯发现了启蒙的"历史观念"的危机。

---

① 麦金太尔：《德性之后》，中国社会科学出版社 1995 年版，第 21 页。

二、启蒙"历史观念"的界限

按照施特劳斯的说法，启蒙"历史观念"的兴起，其引发的实际后果是使得现代人不是用"好"的标准去判断某种新事物是否"对"，而是倒过来用"新"来判断一切是否"好"。由此引发的现代与古代之间的有趣对照就是：不同于传统社会把"好"的标准等同于"古老的"，现代社会则恰恰将"好"的标准等同于"新"。

> 在这样一个万物皆流、一切俱变、事事只问新潮与否、人人标榜与时俱进的世界，是否还有任何独立于这种流变的"好坏"标准、"对错"标准、"善恶"标准、"是非"标准、"正义"与否的标准？还是这一切标准都是随着"历史"而变从而反复无常？果真如此，人世间是否还有任何弥足珍贵值得世人长存于心甚至千秋万代为之景仰的永恒之事、永恒之人、永恒之业？①

这一纠结于施特劳斯《自然权利与历史》一书的中心议题，同样构成了对启蒙历史观的重大挑战。针对启蒙对"传统"的偏见，伽达默尔批评说：启蒙往往把"传统"、"成见"，等同于虚假的、草率的、没有根据的判断，这个倾向中包含着一个重要的预

---

① 施特劳斯：《自然权利与历史》，三联书店2003年版，第10页。

设，认为是理性而不是传统构成了权威的根本依据。但是，如果不是"成见"，是什么东西支持理性？难道理性本身根本不依赖于任何"成见"？事实是，启蒙运动自身就立足于一个"根本的成见"，一个"反对成见本身的成见"，启蒙对于"新的就是好的"、"成见就是虚假判断"的鉴定极端草率。

第一，人们对于世界的一切理解与行为，都开始于对某种意义的预想和投射。这些东西根植于理解者的特殊的历史情景之中，作为初步的判断它们不是在真正理解开始前需要被消除的障碍，相反，他们是达成理解不可或缺的条件。"早在我们通过自我审视这个过程来理解我们自己之前，我们就以一种自明的方式在我们所生活的家庭、社会和国家中来理解我们自己。主体性的焦点是一面变形的镜子，个体的自我意识只是在历史生活的环路中的一个闪现。这就是为什么个体的成见，而不是他的判断，构成了他的存在的历史实在性。"① 按照伽达默尔，"一个人自己思考"是抽象的、空洞的甚至也是根本上不可能的，一切思维都植根于永远不可能完全被排除的传统和成见之中。

第二，传统、权威不是与理性相对立的，它们并不是简单地依托习惯、惰性来持续，它必须"被确认、被信奉和被培养"。伽达默尔并不否认反思与批判的可能性，在他看来，一个能够恰当地发挥作用的传统是反思的，并且在某种程度上批判它所依赖的预设。尽管如此，反思能使我们意识到我们继承下来的传统，但是它却不

---

① 转引自施密特：《启蒙运动与现代性》，上海人民出版社 2005 年版，第 19 页。

可能把人们从这个传统中分离出来。

> 我们总是发现自己处于一个状况中，对这个状况加以阐明是一项绝不可能完整地完成的任务……一切自我知识都源于历史上被预先给定的东西……因为它奠定了一切主观意图和行动的基础，因此既规定又限制了对任何传统理解的可能性。①

事实上，启蒙的"反思"本身就是一个特定的历史传统的一部分。作为一个特定传统中的"成员"，所谓的"自己思考"其实总是在与"他人"一起思考。换言之，只有在传统中，"思考"、"批评"、"反思"这样的活动才是可能的，也才是有意义的。因此，尽管伽达默尔针对启蒙关于"成见"的"妄断"据理力争，但是，他却全然不同意浪漫主义将启蒙时代指责为一个"非历史的世纪"。伽达默尔不无公允地承认，启蒙运动不仅远没有造成与一切传统的决裂，相反，它也包含着对一个传统内部某些特定要素的精心考虑。而他自己对于传统的热切捍卫，就是对于启蒙时代柏克开创的"传统"的继承。

> 在这个启蒙时代，我们总地来说乃是具有天然情感的人们，我们不是抛弃所有的那些旧的成见，而是在很大程度上珍视它们……我们怕的是每个人单只是依靠个人的理性储存而生

---

① 转引自施密特：《启蒙运动与现代性》，上海人民出版社 2005 年版，第19 页。

活与交流……如果他们能够利用各个民族各个时代的总的库存与资产的话，他们会做得更好……因此，不是去破除那些普遍的成见，而是运用他们的睿智来发现贯彻于其中隐藏的智慧。①

柏克对待"成见"的这份难得的珍视，使得"热衷于进步"、执着于在一切知识领域与陈规、传统和权威斗争的启蒙，其实际表现出来的基本特征，也是屡屡返回到一些哲学的"古老"问题。在卡西尔看来，启蒙所发动的最勇敢的革命，目的也仅在于"复其旧观"，即恢复理性与人性昔日的光辉。"从历史上看，启蒙哲学的这种双重倾向表现在：尽管它一方面和近古以及现存的秩序作斗争；但另一方面它又不断地回到古代思潮与问题上去。"②

只不过，启蒙对于"遗产"的处理显得有些自由、"随意"，它只选用某些符合自己的思想方法的特征，而将其他弃之不顾。对此，伏尔泰就曾明确声称，历史的真正对象是精神的真相，因此研究的目的就不是积累大量的事实，而是选择最重要的、最确凿的事实，继而从中判断出人类精神复兴、进步的轨迹。

伏尔泰不想太太平平地从头到尾地阐述历史。当他转向过去时，他不是为过去而研究过去，而是为了研究现在与将来。对他来说，历史不是目的，而是手段，是进行自我教育的工

---

① 柏克：《法国大革命》，商务印书馆1999年版，第116—117页。
② 卡西尔：《启蒙哲学》，山东人民出版社2007年版，第216页。

具……他使得历史卸下了纯粹尚古主义的重负……①

伏尔泰的这种历史观建立了为此后启蒙时代一切历史学家所遵循的纲领，同时招致了"启蒙持非历史态度"的无数指责。对此，卡西尔提供了一种"哲学式的"辩护性分析。在卡西尔看来，伏尔泰对待"历史"的经典态度，其提供的积极价值恰恰就在于，它并不一般地满足于说明与描述纯粹的偶然事件，而是把描述与对对象的理智分析联系起来，从而描绘出一幅关于人类精神的完整画面。

正是这种对于"历史传统"的自由选择，使得启蒙运动成功地深入到它所面对的问题的真正根源，进而从根本上促成了启蒙作为"历史流转物"的现实可能：一方面，既然启蒙并非如施特劳斯批评的，完全诉诸一场"现代反叛古代"的动机，由此，启蒙自身作为一种"过去的传统"，才可能在今天获得具有连续不断的生命力的希望；另一方面，启蒙对待"传统"的选择性的态度，不仅避免了"导致一种新的蒙昧主义的"的可能，而且使得启蒙在今天，可以逾越"古今之分"的特定"时间性"指涉，呈现为一个开放的、包容的具有恒久意义的历史性进程。

三、启蒙成为"历史流传物"的可能

同样出于对"古代传统"的敬意与推崇，相较施特劳斯执着

---

① 卡西尔：《启蒙哲学》，山东人民出版社2007年版，第204—205页。

于对启蒙现代性及其"历史观念"的批判，全心致力于"返回古典"，希望在"注释过去、聆听过去"中，汲取"传统的力量"来克服现代性，阿伦特对待传统的态度显然更加别具意趣，体现出一种女性特有的"细致"。在阿伦特看来，主要的问题或许并不在于如麦金太尔所说的传统是否断裂，也不在于能否"完整"地运用传统来解释当前，事实上，当我们遭遇传统，传统经由理解与解释已经不可能再是"原来如此"的传统，我们其实根本见不到"传统本身"。传统既非客观也非主观，它只存在于我们的理解与解释之中。

阿伦特所谓"传统是选择性的"，无疑是对我们具体以某一"传统"为对象时的必要提醒：不仅我们对传统的接受，表现为一种由偏好而来的无意识的选择性，即前见和趣味总在悄然自行地选择你愿意它是，或自以为是的"传统"，而且，传统的形成本身也是有偏好的，因而不能完全等同于"过去"。由此来看，施特劳斯否定启蒙的"历史主义"，相信可以还原历史言说的真相，其"返回"或许也只是就程度的可能性而言，绝对的还原实际是不可能的。

因此，传统不能被看做一种实体性存在。"完整的传统"常常是一种想象物，想象的立足点当然是"当前"，甚至是"未来"，其支点是不连贯的历史事实。就此而言，这种"完整性想象"也许对"传统本身"没有意义，却对"我们"有意义、对"今天和未来"有意义，甚至是一种必须。①

---

① 林少敏：《自由教育的高贵精神》，北京师范大学出版社 2010 年版，第186 页。

在此意义上，启蒙作为一个特定时代意识中的"传统"，它同样属于我们的一个"完整性"想象。这种"完整性想象"，已经不再等同于作为某一"过去"事件的"启蒙本身"，尽管它确实包含着一些不连贯的、甚至是相互冲突的"过去了的"历史事件，但是，启蒙对于"今天"以至"未来"的意义，恰恰是就其作为一种选择性的"完整性想象"而言的，又或者，启蒙正是以一种"完整性想象"的方式，方才获得了其超越"古今之分"、成为某种"历史流转物"的可能。

第一，虽然遭到种种批评，启蒙的现代筹划所带来的"未来观念"，仍然是作为一种"完整性想象"的启蒙的重要部分。在这种未来观念中，人的能动性、自主性以及人在时间中的位置的观念都发生了一些重要转变。这种"想象"的最初阐述，首先意味着"人的解放"，它相信，人可以凭借自主的能动性，把自身从传统的政治、文化权威的束缚中解放出来，实现各种各样的可能性。

第二，"未来观念"里包含着一个强大的真理内核，它意识到了人类活动不断扩展的趋势，以及社会活动的不同成分或维度日益与它们所嵌入的框架脱离、日益相互分离的趋势。这种分化的也是扩张的趋势，在社会秩序的每一个基本维度方面，都表现出空前的开放性和不确定性，使得现代社会的发展已经远远超出了启蒙现代性的最初前提。

第三，启蒙关于"自主的"想象，内在地要求一种作为"完整性想象"的核心的"反思意识和探索精神"。它意味着，社会秩序、政治秩序的前提和合法化将不再被认为是理所当然的事情。按照韦伯的经典论说，现代社会，宇宙为神意注定的合法性衰落了，从此,围绕权威的社会、政治秩序的基础,包括基本的本体论的前提都普遍地被置于永不安分的反思意识中。

现代性方案中的反思意识,不仅集中在一个或几个社会中流行的超越图景和基本本体论概念的不同诠释的可能性之上,而且发展到质疑这类图景和与之相关的制度模式的给定性。它使人们意识到,许多这类图景和模式存在着,并且这类图景和概念的确可以争辩。启蒙的现代方案带来了政治秩序的概念和前提、政治领域的构造和政治进程的特征的一种根本性转变。这一新概念的核心是,政治秩序的传统合法性的崩溃,建构政治秩序的不同可能性的相继出台,相继而来的是有关人类角色如何建构政治秩序的争论的展开。①

第四,上述概念结合在一起,产生出的是这样一种启蒙信念:社会是可以通过自觉的人类活动积极地加以塑造的。与此相对应,它必然高度强调社会成员自主参与社会政治、文化秩序及其制度的构造,强调社会的所有成员自主地参与对社会的积极建构,并因此带来了一种建构集体认同和集体认同边界的独特模式:首先是集体认同中的市民成分越来越重要;其次是政治认同的建构与文化认同的建构高度密切地结合在一起;最后是集体建构本身面临着不断被问题化,其论争的焦点在于,一个社会的自我构想与各种各样的"他者"之间的关系。

---

① 艾森斯塔特:《反思现代性》,三联书店 2006 年版,第 9 页。

　　由此，作为一个"完整性想象的"启蒙，既不因我们将之置换成"中西之别"就能够被回避，也不会因为"启蒙与反启蒙"的纷争被解构。对于人类社会而言，启蒙永远是我们的一种处境。人人都可能陷入种种旧的和新的蒙蔽之中，人人也都能够理性地运用自己的知识、智慧和才能，揭开所受到的蒙蔽，真正使自己身处明亮的世界。启蒙不是一个局限于18世纪启蒙运动的历史叙事，它是人类社会一项远未终结的精神传统。"无论启蒙运动的哲学教诲与当代人的历史智慧多么不同，它始终像一条贯穿于现代史所有事件中的主线……每个人都知道，启蒙的词汇所描述的正是我们这个世界的核心问题。启蒙思想是对事物本质有深刻洞察的思想的结晶。"① 按照布鲁姆，启蒙思想家们以及他们的伟大思想，是我们"甩不掉的"——尽管可以对他们提出质疑。正是启蒙精神与人类生活之间那种永恒的内在性关联，召唤我们一次次地"回到启蒙"——回到那个属于特定时代也超越特定时代的"完整性想象"里的启蒙。

---

　　① 布鲁姆：《美国精神的封闭》，译林出版社2011年版，第246页。

第二章

启蒙的允诺和限制

> 我们不能够并且也不应该埋没那曾将理性和科学推崇为人的最高官能的时代。启蒙运动为我们制作了一面明亮的镜子,一照这面镜子,许多我们今天视为"进步"的东西变得黯然失色,许多我们夸耀的东西显得奇特变形。
>
> ——《启蒙哲学》

启蒙精神及其所开辟的现代性,在其后的几百年间,不可阻挡地影响着整个人类的生活:启蒙以其所标示的解救人类摆脱压迫和奴役的理想,终结了人是上帝奴仆的命运;启蒙引领了人类发展的基本方向,成为近现代社会最强势最活跃的话语权威。然而,启蒙后的世界却笼罩在一片因"胜利"、"进步"而招致的困扰之中。按照卡西尔的说法,启蒙运动为我们制作了一面明亮的镜子,一照这面镜子,许多我们今天视为"进步"的东西变得黯然失色,许多我们夸耀的东西显得奇特变形。

当代人继承着启蒙的丰富遗产，也置身于启蒙问题的阴影中。事实上，我们迄今仍然没有能够从启蒙问题中脱身，所谓启蒙的事件其核心价值诉求究竟是什么？我们对这份遗产的确切含义还不是很清楚。

第一节　启蒙时代的主流话语

广义的启蒙就其精神实质和连续性而言，并不局限于 18 世纪的法国启蒙运动。它肇始于 17 世纪而于 18 世纪达至高潮，而整个启蒙时代的精神原则开启于 17 世纪以来自然科学对宇宙秩序的全新发现。自然世界的内部构造及其运动规律的发现，一方面颠覆了中世纪以亚里士多德宇宙论为核心的神学目的论宇宙观，同时为此后一个多世纪的思维方式和精神气质提供了经典范本。

一、启蒙理性：从存在概念到作用概念

启蒙运动处于现代世纪的开端。与文艺复兴运动相比，启蒙运动无疑是一场更为全面、更为深刻的思想文化运动。在相当大的程度上，正是启蒙运动给所有冠以现代性之名的思想论说搭建了一个基础平台。从这个原则出发，现代性原则得到了充分的表达，同时，由此衍生的问题也日益明显地呈现出来。

理性在人类事务中发挥作用，自由的个人是理性载体的观念，是启蒙时代最重要的思想主题。按照这一时代的见解，思维的特有

功能和基本使命，乃是认识思维自身的活动，对理智进行自我审查，并作出预见。

> 在理性能够无拘无束地发挥作用的地方，在每个人为了他自己、能够对他人的断言自由地思考和判断、并且可以分享他的判断的地方，在对任何学说的信仰的相信和表白不是被强制的地方，就有了启蒙的时代。①

在以往的历史中，人类相信世界是一个合乎逻辑的、必然的、有秩序的过程，自己只是这个伟大宇宙秩序的一部分，人的理性也只是构成整个宇宙理性的一分子。人们按照特定的目的，遵从特定的价值序列，被确定在一个给定的地方，扮演着给定的角色。自从近代自然科学将自然世界还原为机械的物理世界——即韦伯所言的"世界祛魅"之后，原先笼罩着世界秩序的神圣幻觉被驱逐一空，我们到底根据什么来说这个或那个观念是真实的从此成为问题。

17 世纪中叶，由于笛卡尔哲学的胜利，使得人们对整个世界的看法发生了根本转变。在笛卡尔看来，一切观念的真实性都是可以怀疑的，唯一不可怀疑的就是"我思"。"严格来说我只是一个在思维的东西，也就是说，一个精神，一个理智，或者一个理性。"② 于是，笛卡尔只意愿用"我存在"作为证明的基础，不仅如此，作为基础的"我存在"也仅仅在"我是思想的存在"时才

---

① 施密特：《启蒙运动与现代性》，上海人民出版社 2005 年版，第 101 页。
② 笛卡尔：《第一哲学沉思录》，商务印书馆 1986 年版，第 26 页。

有意义、才有可能。

笛卡尔"我思，故我在"的命题，标志着"人的理性"摆脱了"宇宙的理性"的束缚，确立了个人主体的独立地位，由此，开始了近代主体理性主义即笛卡尔式的理性主义思潮。尽管，笛卡尔很谨慎地把他的讨论限制在认识论的范围，但是，坚持"我思"是认识的基础，必然要面临进一步的追问：究竟谁才拥有"我思"？怎样判断自己是否拥有"我思"？"我思"仅仅是一些人的特权，还是属于每一个人？人又是如何依靠"我思"获得自主独立的？

正是在对"我思"的进一步追问中，启蒙理性把自己与笛卡尔式的理性分别开来：启蒙哲学的基本倾向和主要努力，不是反映和描绘生活，而是思维自发的独创。它认为思维不仅有模仿的功能，而且具有塑造生活本身的力量和使命。思维的任务不仅在于分析和剖析它视为必然的那种事物的秩序，而且在于产生这种秩序，从而证明自己的现实性与真理。

> 如果说有什么公式能表述启蒙时代的特征，能确定无疑地归于启蒙时代，那么似乎可以说，启蒙时代是一个纯唯理智论的时代，是一个无条件地拥护思想和纯理论的优越性的时代。①

启蒙以其特有的自信对理性的"功能"充满了无限信任。对

---

① 卡西尔：《启蒙哲学》，山东人民出版社 2007 年版，第 153 页。

于深受笛卡尔思想影响的启蒙思想家而言，理性不仅是一切认识的基础，是人区别于动物的关键所在，也是道德的根源与依据。就像卡西尔所描述的，整个 18 世纪都浸染着一种关于理性的统一性和不变性的信仰，理性表达了 18 世纪所追求并为之奋斗的一切，表达了 18 世纪所取得的一切成就。而且，整个 18 世纪，是在一个"作用"而非"存在"概念上来理解理性的。理性不是被看做知识、原理和真理的容器，而是被看做源于经验发现真理的一种能力，一种力量。只有把它描述为作用概念，而不是存在概念，才能充分揭示 18 世纪理性的特征。

尽管启蒙时代的思想家对于理性的论说有众多分歧，但是数百年来，贯穿整个启蒙理性的价值诉求始终如一。

第一，作为作用概念的"启蒙理性"，是在对"权威"的怀疑和否定中出场的。启蒙时代是现代批判精神的确立时期，达朗贝尔在其主编的《百科全书》中对"批判"一词作了现代意义的解释：检验古代真理的有效性，发现新知识。在启蒙者的思想中，人的理性是人成为自由自律主体的基础，而自由自律就意味着要摆脱外部所有异己力量的控制。在一定程度上，启蒙时代就是一个批判的时代。启蒙思想家宣称，一切都必须受到怀疑和批判，只有那些已经能够经受自由和公开审视检验的东西，理性才能予以尊重。"在某种意义上，批判是在启蒙运动中成长起来的理性手册，启蒙运动是批判的时代。"① 在康德那里，"启蒙"被描述为人类运用自己的

---

① 福科：《什么是启蒙?》参见汪晖、陈燕谷主编：《文化与公共性》，三联书店 2005 年版，第 422 页。

理性，不臣属于任何权威的时代。

在一般意义上，启蒙确定无疑地体现出强烈的解放倾向，即从外在权威的束缚中解放出来，比如人摆脱神的权威，激情摆脱理性的约束，自由摆脱义务的限制等。因此，在首要的意义上，启蒙体现出强烈的批判，甚至是"冲决一切罗网"的激进面向。这是启蒙的基本含义，也是启蒙之为启蒙，启蒙之为"公开运用理性"的理据所在。①

但是，从"权威"中解放出来的过程，同时伴生着很多后果，启蒙的批判取向和激进面相必然导致价值重估和秩序重建。于是，自由的条件同时就是自由的能力，启蒙引发的后果仍然由启蒙承诺的理性自由来解决。启蒙的要义不仅在于与历史、自我或社会保持距离的批判态度，更在于要切切实实拿出方案，为启蒙所期待的运用理性的自由准备公开的外部条件。

第二，作为一种"作用"概念的"启蒙理性"，其主要的使命，不是反映和描绘生活，它相信思维具有塑造生活本身的力量和使命。按照卡西尔的理论，思维的任务不仅在于分析和解剖它视为必然的那种事物的秩序，而且在于产生这种秩序，从而证明自己的现实性和真理性。不同于17世纪"思维"用证明和推论的方法，从某种最高存在或某种最高的确定性出发，然后将这种确定性之光播种到一切派生的存在，18世纪完全以一种新的方法论作为行动纲领：

---

① 施密特：《启蒙运动与现代性》，上海人民出版社2005年版，第53页。

17世纪的思维方法是从某种最基本的确定性演绎出其他命题,从而将可能的知识的整个链条加以延长,串联到一起。这根链条上的任何一个环节都不能脱离整体,没有一个环节能从自身到得解释。18世纪摒弃了这种演绎和证明的方法,不再去寻求先于现象、可以先验地被把握和表达的秩序、规律,而是在现象本身中,在现象的内在联系中去发现这样的规律性。①

在这里,理性所探寻的是关于"真理"的另一种概念,其功能是扩展"真理"的范围,使它更灵活、更具体、更有生命力。18世纪不是将理性看做知识、原理和真理的容器,而是把它视为一种能力、一种力量。这种力量"分解"人们根据启示、传统和权威所相信的一切,分解之后就开始建设,建立起一座"新的大厦"。所以,启蒙从来就不是一场单纯的思想文化领域的解放运动,而是一场实践性极强的建构性活动:启蒙具有"摆脱束缚"和"重建秩序"的双重意涵,具有批判性和建设性的双重取向。

第三,作为一种"作用"概念的"启蒙理性",其实现"塑造生活"使命的最重要"秘密",在于"分解"和"结合"的能力。它能把一切复杂思维还原为各种因素,还原为终极的简单而基本的运算。"18世纪的思想坚执这种基本方法,知识的推论永远类似于一种还原;它从复杂到简单,从表面上的多样性达到构成这种多样

---

① 卡西尔:《启蒙哲学》,山东人民出版社2007年版,第5—7页。

性的基础的统一性。"① 在这里，同一性、一致性、简明性以及逻辑上的等值，成了思维的终极和最高目标。

> 启蒙运动的绝对本质在于一种决心和习惯，即在重要的事物中，凡是"不易接受清晰概念的"、"不易接受彻底的和独特的信念的"、"不具备一致的方法的"都不将其看作是绝对真实的。②

对明晰性、均衡性的追求是启蒙理性的偏好。在法国启蒙思想家看来："一部政治、道德或者批评著作，甚至文学著作，考虑到他所涉及的内容，如果出自一位几何学家之手，会更完美。这是因为几何学家能够从看起来混乱和错综的表象中抽绎出那些永恒的原则。"③

按照伯林的说法，支撑起启蒙理性对"数理科学"的偏好的，是这样三个命题：首先，所有的真问题都能够找到答案，如果一个问题没有答案，必定不是一个问题。其次，所有的答案都是可知的，人们可以通过学习和传授的方式获知这些答案。最后，唯有一种方法可以发现答案，那便是正确运用理性，像数理科学运用演绎那样，像自然科学运用归纳一样。这是获得基本答案——严肃问题的正确答案的唯一方法。

作为一种思维模式，启蒙理性原本是要将人类从混乱、错误、

---

① 卡西尔：《启蒙哲学》，山东人民出版社 2007 年版，第 21 页。
② 维塞尔：《启蒙运动的内在问题》，华夏出版社 2007 年版，第 79 页。
③ 伯林：《浪漫主义的根源》，译林出版社 2008 年版，第 33 页。

困惑中解放出来。但是，如果希望用这种模式来解释人类的全部经验，那么，最初的解放者就很有可能成为另一种意义上的独裁者。

二、对主体自由的确认

按照康德，启蒙就是要使人摆脱自己加之与自己的不成熟状态，实现人有勇气自由地公开地运用自己的理智。启蒙运动除了自由以外不需要任何别的东西。作为一场现代的思想革命，启蒙打破了一千多年来基督教一统天下的局面，用批判精神取代了迷信，用理性取代了信仰，赋予人以充分的自由，使人成为自己思想的真正主人。

启蒙思想的实质是由两个理想构成的：一个理想是要获得永恒的真理；另外一个理想是要达到普遍的人类解放。启蒙依靠什么来实现这两个伟大而崇高的理想？它依靠关于人作为主体的哲学。从启蒙开始，几乎所有的西方哲学都是高扬主体自由的哲学。[①]

第一，自我意识的凸显，是启蒙精神的重要标志。按照黑格尔，笛卡尔是一个彻底从头做起、带头重建哲学基础的英雄人物。"自笛卡尔起，我们踏进了一种独立的哲学。这种哲学明白：它自

---

① 姚大志：《现代性与启蒙》，《求是学刊》2003 年第 3 期。

己是独立地从理性而来的，自我意识是真理的主要环节。"①

从此，自我意识不仅在认识论上，在笛卡尔的"我思"、洛克的自我同一性、康德的先验自我中，作为一切知识来源，而且开启了实践领域人对其自身关系的觉识、反思和把握。人的自我意识使人不仅意识到自身的存在，而且意识到其他事物的存在，认识到自身与其他事物相对而言的特殊位置。人存在于他的自我意识中，存在于他认识或理解自身的方法中，人的自我意识就是他的处境，它为人区别"我"和世界的能力奠定了基础。

在启蒙思想家看来，对于自我的身份的意识不是一个抽象的理性观念，我作为自我存在，不仅因为我是一个类似笛卡尔所说的能思想的动物，事实上，我们总是"意识"到自己在做着某事，"意识"到自己具有哪些与众不同的能力，自我意识与人的感性知觉和个体存在一起构成了感性的生活世界。自我意识作为一种"能力"，既让人体验到自己是能思想、能感知，有感觉、有行动的统一体，使人看到并意识到自己的许多"可能"性；同时也让人感觉到自己的孤独、脆弱和短暂，意识到自己的"不可能性"。但是，面对自身的"可能"与"不可能"，"人并不像一棵树那样自动地生长，而是在他自己有意识的计划与选择中实现其潜在可能性。"②

"具体的"、"未完成"的主体，它的"自我意识"、它的"生命活动"、它的具体的存在总是在各种"关系"中获得和展开的。

---

① 黑格尔：《哲学史讲演录》，商务印书馆 1995 年版，第 59—63 页。
② 罗洛·梅：《人寻找自己》，贵州人民出版社 1991 年版，第 32 页。

人之为人在于如何同自己的实存相联系，如何同其他人的实存相联系，如何同存在着的但又不是直接呈现的相联系。自我意识的能力，实际上就是使我们得以像别人察看我们那样察看我们自己，并和别人发生移情作用。

第二，对个体主体性的宣扬，构成启蒙话语的另一重要特征。虽然启蒙时期的思想家用以表现自己的形式不拘一格，他们还是倾向于有一些共同的原则。这些原则中最基本的就是强调人的价值。启蒙的本意就在于彰显精神的力量，它首先允诺的就是个体理性的自由。作为一个意志自律的主体，它拥有与生俱来的理性选择能力。近代自然法学说的几乎所有论主，无不在其关于"个人"的概念中内置了这一性质：个人拥有对其自身"善"（Good）的概念最终判断持有的能力与权利，它决定了自我对其生活方式的选择、筹划和安排。启蒙思想家心目中的人是这样的：

> 人按照其规定是一个理性自由的生命体，所以他应该通过自己的思考，通过符合自然的方式运用他的力量去正确认识自己、世界和上帝，并按照这种认识去行动，以此竭尽可能地推进自己的福祉。[1]

启蒙颂扬个体自由精神，个体成为关注的焦点，个体命运成为情节安排的主要线索，个人成长和历险奋斗的故事尤其受到青睐。小说成为 18 世纪新兴的文学体裁，与主体性的确立密切相关——

---

[1] 维塞尔：《启蒙运动的内在问题》，华夏出版社 2007 年版，第 88 页。

一个注重个体价值的时代必然召唤个人言说方式的诞生。按照麦金太尔的描述，17 世纪和 18 世纪，"个人"这一概念已经在舞台上叱咤风云，《鲁滨逊漂流记》因此成为包括卢梭和斯密在内的那一代人的圣经。"这部小说强调个人的经验及其价值，将成为主要的文学形式。社会生活实质上将成为个人意志斗争与冲突的场所。"①

　　第三，自由是个体追求俗世幸福的权利。在启蒙学者眼里，意志自由作为人的本质而落到实处，就要肯定人有求取现实幸福的权利，因为自由的"实体化"意味着现实个人是有欲求并敢于能动追求的主体。

　　　　在启蒙过程的终点，经济人羽毛丰满地出现了，人类的需要或者用来满足人类需要的东西被看作是行为的唯一准则。功利和利益被看做是清楚明了的观念，而且不需要任何进一步的说明。②

　　按照布鲁姆，贯穿整个人类精神传统的，原本包含着人对其肉体和灵魂的双重关切，并且在根本上，人都是渴望完美的，总渴望摆脱肉体欲望的束缚。然而，从马基雅维利开始，整个事情被颠倒了过来，幸福本身就是完美的。这种不受美德思想制约的欲望的绝对性，代表着哲学思想的一个重要转折，从努力用美德来驯化或完善欲望，转向发现人的欲望是什么，并顺应这种欲望生活。我们的

---

　　①　麦金太尔：《伦理学简史》，商务印书馆 2004 年版，第 207 页。
　　②　卡西尔：《启蒙哲学》，山东人民出版社 2007 年版，第 206 页。

欲望成了我们尊奉的神谕；它现在是最后的训示，而在过去它是我们身上令人怀疑和危险的成分。尽管人在欲望中的统一仍然存在着很多理论难题，但是它确实具有实实在在的说服力。不像令人费解、自相矛盾的肉体与灵魂的统一，它为强烈的体验所确认，比如对凶死的恐惧，那并不需要抽象的推理或劝导。

启蒙给予人类精神上一份特别的自信：信任自己的那种作为思维的思维，信任自己的感觉，信任自身以外的感性的自然和自身以内的感性本性。最主要的是，它信任从迷信与蒙昧中走出的人性，可以在自己身上找到道德的根基和改造人类自身与世界的力量。人的个体精神独立地、自由地使世界成为己有，欲望、感性的扩张成为实现精神价值的动力，道德不再是人的内在品质的卓越提升，而是建立在人的世俗感性快乐和自我保存基础上的获得利益的方式。

> 启蒙特别承诺的是一个开放的世界：自由。它把崇高之物还原为平常之物，这些平常之物原则上不妨碍人类的行动与理解。相反，它让我们有在家的感觉：这是我们的领地，我们可以自由走动。启蒙的世界就像在我们面前打开了一道山谷，人类在此安居和耕作；这儿有路可走，也有路可以向上攀登。①

第四，自由的主体同时意味着能够自作反省和功过自承，它包含着主体通过"有意识"调节自己的行为力图实现外在必然性和内在目的性统一的努力。在笛卡尔那里，自我意识正是经由对一切

---

① 施密特：《启蒙运动与现代性》，上海人民出版社 2005 年版，第 366 页。

真理和价值的怀疑而获得的。不同于怀疑论者为怀疑而怀疑，笛卡尔的目的在于使自己得到确信的根据。因此，他对全部旧见解的清算，把一切可疑的见解统统清除，是为了在科学上建立起坚实可靠、经久不变的基础，再从根本上重新开始。

正是经由这种彻底的怀疑以及对此怀疑的反思，人不仅在自己有目的、有意向的生命活动中自作决断，人也对这自作决断有所反思。如果说"自由意志"可以保存自我与目的之间的同一性和连续性，反思性则表现为一种距离化能力和自我对象化能力，它揭示自我与自身目的的非同一性和断裂的可能性，也揭示着目的与对象非同一的、冲突的可能性。"自我认识的根源就在于意识到自我是一个难题，它作为一种批判的反思而起作用。"① 在反思性中，总是包含着"人"对自身存在的困难的意识，同时也孕育着"人"在自己有意识的筹划和活动中自我扬弃的努力。

因此，主体的自由总是在"我要做什么"、"我怎么做"、"我要成为什么"中得到体现和确证的。换言之，人的自由与自主同时蕴含着这样一种独特功能——意义自抉，即价值选择和价值行为的自我导向。当我们赞许或谴责任何事物时，总是为了引导至少是为了间接引导某种选择，即我们自己的或他人的，现在的或将来的各种选择。"除非我们已经选择要努力成为什么类型的人，否则也不会谈论什么好人。"②

这就是说，"自由主体"的身份不是预先的给定，也不是自我

---

① 罗洛·梅：《人寻找自己》，贵州人民出版社 1991 年版，第 45 页。
② 奥依肯：《生活的意义与价值》，上海译文出版社 1997 年版，第 97 页。

特质的简单组合，主体的自由都是依据行动来证明的。"我"只有在我的自主自为、同时也自我承当的行动中真正呈现"我"的自由的存在。因此，主体自由的基本倾向和主要努力，肩负着塑造生活的任务和使命。自由主体的任务不仅在于分析和筹划它视为必然的那种事物的秩序，而且在于产生这种秩序。

三、面向未来的进步观念

启蒙时代，对历史的一种全新理解，伴随着对自然以及人自身的理性自觉首次出现。被赋予至高无上、无所不能地位的理性，其真正"功能"，不只是能够获取具体知识，而是要致力于确立起一种思维方式。这种思维方式不满足于已经达到的见解，它总是驱使人们从一种观点前进到另一种观点。在一定意义上，18世纪的文化，就是对这种思维方式的捍卫与强化。

这场思想方式的革命，在启蒙进程中延伸至社会历史领域，继而牢固地确立起作为启蒙主流话语的进步观念。这种进步观念，由于对未来的无限开放，把自己与早期的时间概念区分开来。

在此之前，当人们瞩目未来，目光所投之处乃是世界的终结与最后的审判日。在早期基督教的救赎史中，世界是有限的，人类的命运是在堕落和最后审判之间的一次漫长历险。每一个生命，每一次个体的朝圣，都是这种天路历程的表象。正是在原罪与救赎的过程中，人们可以从罪孽深重的此岸根本上得到解救。相反，如果生活的目标和进程可以由人来调整和设定，则是完全不可思议的。

文艺复兴产生了生活在一个新时代的意识，但是并未产生一个更加美好的未来的观念。古代世界对他们来说仍然是所有时代中最美好的，是他们努力重复和效仿的对象。对历史岁月的一种新的、"渐进的"理解，是随着对自然的一种新的理性自觉而首次出现的。而那个自觉是从古代人以及教会的权威中把自己解放出来，因此被认为将会导致人类的自我完善。①

如果说，以往生活是以其所是的方式、以其所是的进程被人所接受的。而现在，人的理性则能够有目的地塑造生活，直到生活成为人所期望的状态。"法国革命在人类历史上是没有先例的。它被看作一个新时代的开端。在这个新时代里，为理性原则所指引的人将决定自己的命运。"②

在理性光辉的照耀下，启蒙思想家抛弃了循环的、停滞的历史观念，对于人类未来将在理性推动下无限完美地发展，自信满满。孔多塞在其代表作《人类精神进步史表纲要》中，给我们提供了关于这个观念的最经典、最纯粹的表述：启蒙的目前状态向我们保证，这场革命会有一个有利的结果。而为了使那个按照"连续不断的进步"所设想的幸福，可以在一个更广泛的区域更迅速地传播开来，我们完全可以依赖这样一个信念——我们知道如何最充分地利用我们的知识和资源。而且，"自然界对于人类能力的完善化并没有标志出任何限度，人类的完美性实际上乃是无限的；除了自

---

① 施密特：《启蒙运动与现代性》，上海人民出版社 2005 年版，第 344 页。
② 雅斯贝斯：《时代的精神状况》，上海世纪出版集团 2003 年版，第 6 页。

然界把我们投身在其中的这个地球的寿命而外，就没有别的限度。"① 这就是说，人的理性的发展是无限的，除了这个世界被毁灭之外，人类的这种进步是任何其他力量都阻挡不了的，它永无止境，一直向前。

对理性自主性的自觉，是启蒙时代进步信仰的前提。当理性开始意识到自己，并开始在塑造人类关系中发挥影响，人类因此有能力成为自己历史的主人，人类历史从此获得了一种"方向感"——即被描述为"进步"的那种进程。而人类在不成熟状态下的历史，仿佛只是没有方向和目标的史前时期。在雅斯贝斯看来，法国革命开始了一种新的计算时间的方法。从此，人类摆脱自己造成的不成熟，开始了一种真正的、由理性自主决定的历史。

对"科学"方法的推崇，是启蒙时代进步信仰的基础。在启蒙思想家看来，如果宇宙间所有事实都能还原到数学的层面，人们就会无往而不胜。"现代科学比之任何对于自然世界和社会的思想取向的更早形式都绝对地更加优越。而这种优越性可以按照逻辑规则客观地确立起来。"② 启蒙思想家对科学"计算"方法的坚信，使得"计算"在 18 世纪已经丧失了纯数学的意义，被运用于越来越广的领域。计算概念随科学概念本身一同扩展，无论何处，只要能把一组经验的各种条件还原为一些基本关系，就可以运用计算。按照这种方法，只要人们严格地遵从简单到复杂的思路，一切问题都可迎刃而解。

---

① 孔多塞：《人类精神进步史表纲要》，三联书店 1998 年版，第 2—3 页。
② 韦伯：《社会科学方法论》，中央编译出版社 2002 年版，第 58 页。

　　科学知识及其产生的力量，使得普通百姓也能了解有关自然的知识，从而使得征服自然成为可能。这种"征服"是人类历史发展的关键，当这种自然科学领域中的乐观主义被延伸到历史领域，就带来了这样的观点：人类能够把自己从自然的约束和传统的权威中完全解放出来，使自己成为自然的主人，成为历史的塑造者。早期启蒙思想家坚信，一旦现代人彻底挣脱传统的思想枷锁，就能走上人类无限进步的大道，"科学技术的进步"必然会给人类带来福祉与光明。

　　对技术的崇拜，是启蒙时代进步观念的核心追求。作为人运用理智从事"物质生活生产"表现形式的科学技术，无疑是实现"累积式"进步的重要因素。科学技术作为人类筹划生存的一种方式，它体现并凝结着人的本质力量。在此意义上，启蒙的进程同时就是科学技术前所未有地确证自己巨大力量的历史。科学是一种在历史上起着推动作用的力量，人类正是运用与人的理性能力直接相关的科学技术创造着辉煌灿烂的人类文明。

　　启蒙的技术进步的观点，既包含了关于人类行为可预知的论点，同时也包含了操纵人类行为的适当方式的观点。作为一个观察者，如果我一旦了解到支配他人行为的有关法则，那么无论何时，当我知道前提条件，便能预知结果。作为一个行为者，如果我认识到这些法则，那么，每当我能够设法满足同样的前提条件时，便能够产生这种结果。①

―――――――――――――

① 麦金太尔：《德性之后》，中国社会科学出版社 1995 年版，第 107 页。

"技术进步的后果，就其关系到日常生活而言，在于提供生活必需品的可靠供应。"① 而作为一种文化理念，技术进步的动力源于对效用最大化的追求。17世纪以来的科学发现，引发了新技术、新工具、新组织形态的广泛应用，因此带来的"效率"为"技术支撑进步"的信念播下了种子。在启蒙时代，"成功的技术"成为"生活的艺术"的代名词。"现代人史无前例的怀疑主义建立了一种彻底的世俗主义，然而，这种世俗主义基于对人的力量与自我控制力的历史进步的新的西方式信仰，即最为彻底形式的神人同性论，那么，他对于自身进步的信仰的衰微使他陷入了彻底的无根基状态。"②

第二节 启蒙的神话化

启蒙主流思想家将理性与进步确立为根本价值诉求，相信理性和科学的发展是反对无知、迷信和野蛮的锐利武器，是促进社会进步和人类幸福的有效法宝。然而，启蒙出于天真的过分自信，用它自以为的"理性"、"自由"与"进步"标准，作为评价一切的、唯一有效的可行规范。于是，构成整个18世纪启蒙主流的思维方式和言说方式，它的积极成就和固有局限，它的成功与失败，从一开始就预先注定了。

---

① 雅斯贝斯：《时代的精神状况》，上海世纪出版集团2003年版，第48页。
② 刘小枫选编：《施特劳斯与现代性危机》，华东师范大学出版社2010年版，第228页。

一、启蒙理性的偏执

启蒙理性的自信，集中体现为对主体自由的确认。启蒙理性指认个体自我为意志自律的主体，拥有与生俱来的理性选择能力，是一切价值的自我选择和承担者。坚执不可摇夺的自由权利的"个人"，占据着启蒙时代舞台的中心。

对主体自由的确认，无疑为现代社会提供了一种全新的价值视角。从此，个人不再是统一固定的价值秩序中的意义代码，人生的意义、目标、存在方式不再是纯粹先在和给定的，而是自由主动的选择与创造，它决定了自我对其生活方式的选择、筹划和安排。这一价值自我，在私人领域，表现为价值自律、自我导向和自我指示。在社会关系领域，自我与他者的联系在原则上也是自愿的、可修正的。启蒙理性在允诺个体自由的同时，隐含着自身深刻的悖论。

第一，自由主体指涉的不仅是一个价值选择的自我，而且同时也是一个理性的自我。差异性个体的自我选择加剧了价值多样化，而理性所必致的普遍性追求，使自我总是倾向于将其所认的价值上升为普遍和绝对的价值。按照麦金太尔的说法："西方历史的关键性一步是在 18 世纪启蒙运动的鼓舞下，企图发现一套合乎理性而又公正的道德原则。它对所有理性的和反思性的存在物，不管其文化传统、宗教背景、政治秩序或道德性质的特殊性质如何都是同样有效，同样具有制约力。"① 由此，价值的差异性、个体性选择与

---

① 麦金太尔：《德性之后》，中国社会科学出版社 1997 年版，第 1 页。

理性的普遍性化诉求自相反悖，构成了价值世界的"多元"与"一元"之间的冲突。

> 从思想史的角度看，启蒙理性包含着两种冲动：一种是朝向特殊、具体和事实的冲动；另一种是朝向绝对的普遍的冲动。它既要执着于周围世界的事物，又想超升于这些事物之上，以看清他们的真面目。①

按照伯林，启蒙所预设的普遍主义"一元论"，以及"反启蒙"对于特殊与个体的看重，其间的问题架构，涵盖了至今依然纷纭不断的思想争端。只不过在今天，问题的原先搭配已经颠倒反转：多元被指认为价值本身的一种客观事实，而"一元"却不再具备自明的地位。

第二，当自由主体只愿意在"自我欣赏"的环境中生活，每个人都以其自身为目的，其他的一切都与自己无关。表面上，现实只是一种通过自我的显现，实际是，自我选择日益被封闭在自身内部，日益隔绝了与他者视阈的交融（包括有意义的他人、社群和传统）。结果，当自我选择的形式（manner）的自我指示性日趋强化的同时，其质料（matter）的获得性资源日趋贫乏。自我选择日渐缺乏其应有的深度和广度，在目的合理性的工具层面上日趋平面化和单面化。最终，意欲自我选择并自我建构的自我，处于自相抵消和自我窒息的危险中。布鲁姆为我们深刻地描述了一个过去

---

① 卡西尔：《启蒙哲学》，山东人民出版社 2007 年版，第 35 页。

"十分健全的理性"的不断衰变的过程：

> 自我的这个版本与其他版本的区别在于，它先是构筑起可以称为人之本性的普遍人性，并将这种人性直接指向对于舒适的自我保护的渴望，这是迈向堕落的第一步。接着是第二步，确信别人肯定也如此……迈出这第二步，就再也没有驻足之处了，下降的过程令人触目惊心……人最多只能发现自己，它使人们彼此相互隔绝，而不是将它们融合在一起。①

理性太过强力的对于自我保存与舒适的要求，使得它更多关注的是私利的计算。最终，它使得一切都个人化。理性想要依靠的不是他者，而是自身，这既是它的美好之处，又是它的痛苦和偏执所在。当理性被还原为一种完全排斥性的形象，它走得越高，就越是失去根基，结果，成为隐蔽而异在的始源力量的牺牲品。

第三，启蒙理性终结了作为普世性与至善化身的"宇宙理性"，认不同主体的"我思"为认识的基础。结果，统一的终极目的，普遍共识的价值标准，等级化的价值序列，只是作为残片漂浮在今天的伦理生活中。

> 现代道德理论中的问题显然都是启蒙运动的失败造成的。一方面摆脱了等级制度和目的论的各个道德行为者，把自身设想成个人道德的权威统治者；另一方面，必须为已部分改变了

---

① 布鲁姆：《美国精神的封闭》，译林出版社2011年版，第156页。

的道德规则找出某些新的、可使他们成为合理诉诸物的地位，否则对它们的诉诸就会仅仅成为个人欲望和意志的工具。①

按照麦金太尔的说法，现代道德文化的一个显著特征就是，日常道德争论的无休无止、没完没了。最关键的是，争论的双方谁也说服不了谁，彼此没有任何可以使对方信服的理由，因为争论的双方都站在与对方无法沟通的理论立场上，最终导致道德相对主义和道德的解体。

第四，启蒙理性赋予主体以无限自由，那就意味着，理性在能够自主地认识世界的同时，还需要进一步确证其正当性，即它尚需答复"为什么这个世界是好的和可欲的"。神圣秩序崩溃之后，启蒙理性的自我确证只能凭借它自身。按照《圣经》关于上帝创世的传说，人在获得"分别善恶的智慧"的同时，也就意味着人需要依靠自己对善恶的分别无所依傍地安顿自己。

这种紧张引发了现代性文化与政治方案内部持续不断的矛盾。在韦伯看来，启蒙现代性成功的理想原本具有某种创造性，但是这些理想却在与日俱增的常规化和科层制化中逐渐失去了生气。现代世界，伴随着不同领域间日益自主发展的是另一种紧张：一方面强调人的自主性，但在另一方面，在实际生活的制度化实践中，又产生出一种强烈的、内在的约束和控制机制。②

第五，启蒙起源于怀疑，声称旧日的所有权威，以及固有的道

---

① 麦金太尔：《德性之后》，中国社会科学出版社1997年版，第80页。
② 艾森斯塔特：《反思现代性》，三联书店2006年版，第87页。

德与政治制度，都充满谬误与迷信。如今，理性登基为世界的"正主"，新的价值体系将在理性的基础上一蹴可就，而理性对一切东西都有批评的权利。正如康德所言，不管神圣的宗教还是显赫的王权，都无法逃避批评的法庭。然而，聪明勇决的理性忘了对自己以理性之名提出的种种主张存疑。如果理性能够批评一切东西，难道它不应该批评自己？当一切皆可怀疑，唯有"我思"例外——它具有天然的正当性，事实上又打开了通向道德和真理的独断主义之门。

按照早期浪漫主义，启蒙激进批评的一些麻烦与后果已经日益明朗：首先，如果批评必须彻底，其结果难免怀疑论的深渊。"一切道德、宗教、政治和日常的信念都已经受到审视，但批评不是解释它们的深层基础，而是表明它们不过就是成见。18世纪90年代晚期，怀疑论的危险似乎比以往都变得更加醒目。"[1]

其次，激进批评把人从自然中异化出来，自然在理性的审视下，不再被赞赏或沉思，而是被分析与侵占。当自然只是无生命的、屈从于人的目的，甚至成为人类道德进步道路上的一个障碍，那么生活在这个世界又如何可能有家园之感？另外，激进批评最成问题的一个后果在于：它使得现代人丧失了对于共同体的感觉。人本质上是社会动物，只有在共同体中才能更好地实现他们特有的各种能力。但是，启蒙的激进批评通过对一切形式的社会生活和政治生活都展开批判，使得个体开始把社会生活和政治生活视为一种非理性的权威，一种对个人自主性的威胁，从而削弱了其在共同体中

---

[1] 施密特：《启蒙运动与现代性》，上海人民出版社2005年版，第334页。

实现自我的可能性。

如果只有当信仰或法律符合一个人自己理性的批评性的行使时，个体才能接受它们，那么就像有许多个体一样，也就会有许多权威的源泉。因此，启蒙的激进批评似乎不仅仅可能导致怀疑论，而且也可能导致无政府主义。①

到了 18 世纪晚期，启蒙运动处于危险之中，主要不是因为外在的敌人，而是它自己内部的张力。这些冲突的最有意义的部分是：启蒙运动的激进批评威胁到它的公众教育理想。启蒙的公众教育理想预设了对某些确定的道德、政治和审美原则的承诺，但是，当启蒙的激进批评看起来必然以怀疑论或者虚无主义告终时，怎么可能对公众进行教育？正如柏克所言，启蒙在人类事务中赋予理性的角色失之夸张。理性其实不胜启蒙运动给他的负荷，被要求做太多的事情，被要求做理性自身做不来的事情。启蒙理性在自我确证的同时，必然面临着自我怀疑的命运。启蒙是一个自我确证与自我怀疑的动态结构，这是启蒙在其基础深处即埋藏着的、无法逃避的两难。如此，它必然导致自身的游离不定、充满种种危险的张力，滋生种种的纷争与各式各样的拯救方案。

二、主体自由的失落

由启蒙时代对主体地位强调异化而出的对主体性的偏执，包含

---

① 施密特：《启蒙运动与现代性》，上海人民出版社 2005 年版，第 335 页。

着一条根本的价值立场，那就是，单个的人具有至高无上的内在尊严和价值，其他的一切，包括共同体都是满足个人价值的手段。"人类生活总是要求以这样或那样的方式对善恶加以区分。现代社会的重大转变是，过去的好人通常是指关心别人的人，与之相对的是那些只关心自己的人；而现在的好人却是只知道如何关心自己的人。"① 按照韦伯把作为资本主义精神的个人主义，理解为理性主义整体发展的一部分的见解，主体性的偏执必然发展出个人主义的方法论原则。

第一，作为一种方法论的个人主义，其理论主张以泰勒批判的"原子式"个人主义最为典型。"原子式"个人主义的核心命题是，整个社会、群体是由原始的、孤立的、没有任何共识的个体建构而成的。与传统社会把"个人利益轻易就成为敬献在公共利益祭坛前的牺牲品"相对，"原子式"个人主义不再把共同体看成首要的东西，个体活动的根本动机仅仅被看作从个人偏好出发对自身利益的追求，社会常常被理解为个人为着追求效用最大化而自愿结合到一起的独立的个人的聚合体。

"原子式"个人主义，因为它所独有的理性化，其本质特征就是从个体诉求的效用最大化动机出发，把追求个人利益作为个体活动的动机、准则和标准，公共利益、社会秩序只是个人追求利益最大化的结果。类似亚当·斯密所谓的追求个人利益最大化的"理性人"，他们执迷于利润和效用的追求，所有的生活都只是根据下一步必须要解决的具体问题，而不是人们会被要求为之

---

① 布鲁姆：《美国精神的封闭》，译林出版社2011年版，第134页。

献身的终极价值来考虑。注重"实用"的理性人把人的尊严变成交换价值，把人的幸福等同于享乐，结果，物质力量成为有智慧的生命，而人的生命则愚钝化为物质力量，成为"物的依赖性"的奴隶。

第二，当原子式个人主义把生活的全部意义诉诸效用和功利的占有，事实上就无情斩断了维系着人们之间的一切固定的古老的关系，它使得人与人之间除了赤裸裸的利害关系，就再也没有别的联系。正如马克思所揭示的那样，在资本主义的文明时代，所有的社会关系都变成"纯粹的金钱关系"，人与人的交往也只是"冷酷无情"的"现金交易"。

现代社会，当利益成为某种普遍的目的时，人与人之间的交往常常更多出于物质利益的考虑，而缺少彼此间真正的信任。同样，对于"利益至上"的"理性人"，共同体往往被视为满足个人目的和需要的工具，只有在满足个人的利益与需要时，共同体才有存在的必要。与传统社会人们把共同体价值置于绝对优先地位，并把个体视为共同体组成部分的价值立场完全相反，现代社会的人们关于整体的意识、关于共同体的信念正在日渐淡漠与消失。

按照韦伯，当主观的"自我"成为一切领域的立法者，其结果必然像"希腊人时而向阿芙罗狄蒂献祭，时而又向阿波罗献祭…"。与此相关，当那些"礼俗中所包含的神秘的、内心深处又是真实的变化，遭除魅和剥离"，那就同时意味着一种具有普遍性和客观性的价值标准和价值权威都将失去约束力量，那些"魔力已逝的古老的神，以各种非人格的力量的形式，又从坟墓中站起来，既对我们的生活施威，同时他们之间也再度陷入无休止的争斗之中"。①

小说家米兰·昆德拉在其《身份》一书中，用女主角尚塔尔的焦虑，形象地喻指了现代"自我"的复杂命运。尚塔尔极度渴望从一切外部或者内部束缚中逃离，然而彻底逃离的决心换来的，却是无处可逃的焦虑，被遗弃到陌生人中间的尚塔尔永远无法解释她是谁。

按照古希腊人对人的理解，人的卓越生长犹如一颗葡萄树，被绿色的露水浇灌，在智慧而正直的人中成长，朝向清澈的天空。这里，葡萄树的比喻意味着我们在这个世界的生活不是自足的，而是需要被营养和浇灌的。人有行为的主动与自由能力，但同时也是一颗葡萄树，需要借助外物的支撑才能向上攀缘。②

启蒙设计的主体的自足与人类生存的非自足性之间存在着断裂。自我希望自己是自主的，但绝对的自主性要么成为牢笼，要么成为令人疲惫不堪的欲望。荒芜了自己本真存在的人，也失去了自己的历史性特征，陷入无家可归的境遇之中。

第三，斩断了"传统之根"的自由主体，试图通过科学在各个领域的应用来获取清明的幸福，解决人类存在的焦虑，然而，这同样被证明是一场幻觉。在启蒙运动的初期，帕斯卡就意识到了现

---

① 韦伯：《学术与政治》，三联书店 2005 年版，第 41 页。
② 许纪霖编：《启蒙的遗产与反思》，江苏人民出版社 2010 年版，第 63 页。

代人的困窘：一方面，科学使人能够在一定程度上认识自然从而认识自我；但另一方面，科学又会使人更深刻地发现自然的无限，以及在这无限面前人的虚无。寻求确定性的科学也可能将人的命运置于最大的不确定与虚无之中。

如果说启蒙意味着人类的觉醒，那么虚无仍然是启蒙事业有待破除的。因为启蒙所确立的自主的主体，如果不能被恰当"填满"，那么留下的空虚，就会被自然欲望乃至暴力操纵。事实上，启蒙的自由主体叙事始终伴随着对虚无的恐惧；而大写的人类主体的建立也常常奠基于对另类的敌意。

启蒙主体的悖论在于，自由主体介于"客观的"理性形式与"独一的"具体生命意志之间的吊诡。也就是说，启蒙的自由主体是一个具有相当弹性的可变空间：它既可能是康德所谓的被理性准则所规约的道德主体，也可能冲破刻板的外在束缚，走向生命意志的舒张和内在激情的释放。这两种彼此具有张力的形态是自由主体的应有之义，而这一实际处于对立状态的事实意味着：

> 启蒙主体既是理性的承受者，也是理性的支配者。作为承受者的小写主体可能由于非人的逻各斯的力量的压抑感到压抑，感到窒息，而作为支配者的大写主体也可能内在地还保留着某种野蛮之根，并在人类历史中演绎极权主义的风云。①

而无论是作为支配者还是承受者，自由主体在其间的挣扎——

① 霍克海默·阿多诺：《启蒙辩证法》，上海人民出版社2003年版，第92页。

从一个自身走向另一个自身，从一种批判走向另一种批判——都显示出启蒙主体某种致命的缺失。这种缺失使得现代主体始终处在一种以"自由的存在"为名，实质却是无解的焦虑之中。

三、启蒙进步的幻象

启蒙时代，启蒙主流思想家对科学与艺术的发展充满信心，认为科学和艺术的发展必将促进德性和文明的进步。然而，被启蒙时代绝大多数人所钟情的"进步"，在卢梭看来，却与德性格格不入。"随着科学与艺术升起，德性消失。"① 事实上，从启蒙时代起，进步的代价和危险就显而易见。理性进步与道德责任如何能够和睦相处？启蒙时代对"进步"的不安始终伴随着对"进步"的追求。

18 世纪的启蒙思想家，从科学的发展、技术的创新中看到了人类无限向善的可能性，对进步的向往，使得那种"可以按照逻辑规则客观地建立起来的"、"确定性知识"被备加推崇。对很多启蒙思想家而言，如果人们严格地遵循从简单的东西入手再到复杂的东西，那么就没有什么东西可以藏而不露。至于那些不能被还原为确定数字的，全都被认作幻象。于是，各式各样的人被简化为状态和序列，历史被简化为事实，事物被简化为物质，最具有确定性外表的"技术知识"成了启蒙精神的追求。

启蒙思想家对确定性的追求，与对技术的偏好紧密联系在一

① 卢梭：《论科学与艺术》，商务印书馆 1963 年版，第 11 页。

起。在他们看来，知识，就是不仅以确定性终，而且也以确定性始，即确定性贯彻始终的知识。技术似乎正好就是这样，"它有知识的外表，这种知识可以包含在一本书的封面与封底之间。"① 技术可以从书本上学，此外，它大部分可以记住，可以机械运用。简而言之，技术在教与学最简单的意义上可以最有效地实现。按照培根，人类具有这样一种能力：这种能力是造物主作为一种特殊的许诺赋予人类的，它在人类自身的进步中实现自己。在一个不断扩展、毫无限制的理性的历程中，人类最终会实现对自然以及因此对自由的一种理性支配。

在继续重新确认这种乐观主义的自然科学和技术领域中，产生了大量的理论和实践进步。当自然科学的理性原则被扩展到历史领域的时候，它导致了这样一个观点：人类能够把自己从自然的约束和传统的权威中解放出来，使自己成为自然的主人，成为自己的历史的塑造者。②

在孔多塞的《人类精神进步史纲》中，我们可以发现对这一信念的最纯粹的表达。在孔多塞看来，启蒙的事实已经向人们保证，这场"革命"肯定会有一个"有利"的结果。而这一结果，只是依赖于人们知道如何最充分地利用知识和资源。在这一乐观主义的启蒙信条中，历史被设想为由"不满"和不断产生的进步所

---

① 欧克肖特：《政治中的理性主义》，上海译文出版社1997年版，第11页。
② 施密特：《启蒙运动与现代性》，上海人民出版社2005年版，第344页。

推动的一系列"革命"的后果。它相信,"革命"可以创造一种启蒙水平,使得人类能够有意识地向往进步,控制它的进程,并避免后退。

然而,纯粹以知识、技术支撑的"进步"观念是功能性的。"有用"是技术世界追求的主要目标,技术正是以其"有用"来满足人的需求,满足人的现实生存。但是,当"有用"在一切领域成为最终的衡量标准,人的生活就变成了单纯的履行功能。"身体训练本是对生命有益的力量运动,如今不再被认为本身有价值,身体及其力量的一切形式都是为了重新做有效益的工作而积蓄力量。"① 现代社会,之所以人人都尽力显得青春犹在,是因为"青春"已经成为被"一般"生命期待的年龄:

> 当生命变成单纯的功能,就失去了其历史的特征,以至消除了生命不同年龄的差别。青春作为生命效率最高最旺盛的阶段,成了一般生命被期待的年龄。只要人仅仅被看做一种功能,他就必须是年轻的。倘若青春已过,他就要努力显得青春犹在。②

对此,施特劳斯认为,如果想知道怎样更好更快地种植庄稼,科学技术或许足以应付。但是,对于如何培养一个人,仅想用科学的、技术的方法来解决必定要招致失败。纯粹以技术支撑的"进

---

① 舍勒:《价值的颠覆》,三联书店1997年版,第141页。
② 雅斯贝斯:《时代的精神状况》,上海世纪出版集团2003年版,第51页。

步",不仅追求"有用",更要求效用的"最大化"。"效用最大化"是技术理性扩张的内在动力。为了实现"效用最大化",追求最大利益成为个人活动的动机、准则和标准。于是,全部生活的目标被平面化为对财富、享乐的获取与占有,社会的发展也被相应理解为纯粹的单向度、直线式经济增长。按照舍勒的描述,现代社会价值序列最为深刻的转化是"生命价值隶属于有用价值",这一价值序列的转化直接表现为:商人和企业家等一类人赖以成功的价值样式,被抬高为普遍有效的道德价值,机敏、快速适应能力、计算型能力、对保全生命的"稳妥"以及八面玲珑的意识等现在都成为基本的品德,而英勇、牺牲、高贵意识、对经济财富的等闲视之的态度,以及家乡情结等都成为隶属。①

以技术支撑的"进步"观念,在其根本处与"传统"隔膜。启蒙时代,作为一种绝对的、最高价值的启蒙进步观念,正是在与过去的决裂中出场的。启蒙的进步诉求直接意味着一种主动谋求与过去决裂、注重当前的价值主张,它致力于建设的,是与"传统"相对立的生存样式和文化情境。追求新颖、变化的启蒙进步观,常常把传统看做迷信、混乱、愚昧的代名词。

按照欧克肖特的分析,启蒙时代对"传统"的弃绝,与"一种更为实在可靠的技术"代替了"慈善可靠的上帝"有关。更主要的是,这个时代,人们普遍认为自己发现的东西比他继承的东西更为重要。"一个容易有理智伟大幻觉的时代,一种将所有心灵放在一个水平上的技术的憧憬提供了这样的捷径,它吸引人们很快就像接受过

———

① 舍勒:《价值的颠覆》,三联书店 1997 年版,第 142—143 页。

教育的样子，但是却不能领会和欣赏他们全部遗产的具体细节。"①

　　一个活着的传统是一种历史性的伸展了的，社会性的具体化了的论证，并且恰恰有几分是有关构成传统的利益的一种论证。在一个传统内对利益的追求，延伸几代人有时甚至是许多代人。因此，个人对他或她的利益的追求，就一般的和特殊的意义而言，是被引导在那些传统所限定的范围内的，而个人生活就是这些传统的一部分，这不论对于实践的内在利益还是对个人生活的利益而言，都是如此。②

　　人只有在和"过去"的联系中才能具体、生动地理解自身。在一定意义上，传统中蕴含着我们为何行动、如何行动的理由，传统可以提供给我们对于正当目标的渴望。雅斯贝斯认为，与历史传统联系的消失，将使得个人被完全理解为某种机器的功能。而当生命的存在成为单纯的功能，人就在技术的统治下成为一只可被随意替换的"齿轮"，失去人作为人的存在的特性。当人无法"成为他自己"，他就进一步失去了其历史的特征——只有赤裸裸的当前，没有记忆，也无须要预见。同样，当人的生命在时间中的延伸只是一种偶然的持续，人就无法通过记忆和展望的纽带与他人、社群联系在一起。

　　当18世纪启蒙思想家们对科学、技术促成进步抱有无限信心

---

① 欧克肖特：《政治中的理性主义》，上海译文出版社1997年版，第18页。
② 麦金太尔：《德性之后》，中国社会科学出版社1997年版，第280页。

的时候，柏克坚持认为：社会革新的精神通常是脾气任性、眼光狭隘的，"人类本性离不开既定的传统所提供的那些慰藉和支持。"①从来不回溯先辈的后代，是不会有什么指望的。陷入"无限"的迷茫，是单纯追逐进步必然招致的命运。当启蒙后的现代人面对日新月异的进步踌躇满志的时候，韦伯发现了进入科学和技术强制化时代的人的命运的无奈与感伤。在韦伯看来，现代人，虽置身于知识不断丰富的文明之中，但只会感到活得累。因为他再也不可能像古代的农人那样，有"享尽天年之感"。文明人的个人生活已被嵌入"进步"和无限之中，就这种生活内在固有的意义而言，它不可能有个终结：

　　处在进步征途上的文明人，总是有进一步的可能，无论是谁，至死也不会登上巅峰，因为巅峰处在无限之中。对于精神生活无休止生产的一切，他只能捕捉到最细微的一点，而且都是些临时货色，并非终结产品。所以在他看来，死亡便成了没有意义的现象。既然死亡没有意义，这样的文明生活也就没有了意义。因为正是文明的生活，通过他的无意义，宣告了死亡的无意义。②

对进步的信仰始终伴随着怀疑与批评。就好像法国大革命，其本身是被进步的信仰所推进的，但是它的进程却为怀疑者和批评家

---

① 柏克：《自由与传统》，商务印书馆2001年版，第120页。
② 韦伯：《学术与政治》，三联书店2003年版，第29—30页。

提供了"口舌"，它提供了关于启蒙飞短流长的最重要证据。

按照施特劳斯对于"进步"概念及其在当代意义的分析，正是在现代理性以及普遍同质化的文明"进步"中，人们可以发现，现代人以自然为敌的自我活动未必给自己带来好处，而将现代理性视为人的绝对的善的力量这一信仰正逐渐开始动摇，施特劳斯将之称为"理性哲学的自我毁灭"：我们不幸在 20 世纪见证了令人难以置信的野蛮，这就从经验层面驳斥了进步论。就"进步"一词的全部意义及其常被人们强调的意义而言，"进步"理念乃基于完全没有保证的希望。①

当人以一种激进的方式将自己的命运掌握在自己手中，启蒙的理想就是启蒙的神话。对此，麦金太尔认为，对技术知识的推崇，对无限进步的信奉，非常类似那种对上帝的信奉，甚至是一种比对上帝的信奉更大的幻觉。这种特殊的幻觉，是对一种并非我们自己的力量，但却声称有正当性的力量的幻觉。② 真正的理性，应该同时包含有关于自身能力与界限的认识。同样，以科学、技术推动的进步，也只能通过承认人的局限性来审慎地实现。

第三节　现代教育：得之与失之于启蒙

深受"理性"和"进步"观念影响的启蒙运动，无疑是人类

---

① 刘小枫选编：《施特劳斯与现代性危机》，华东师范大学出版社 2010 年版，第 327 页。
② 麦金太尔：《德性之后》，中国社会科学出版社 1997 年版，第 134 页。

的一个壮举。18世纪的天才思想家们凭借对理智力量的无比自信，以及对科学明晰性的无限推崇，合奏出一曲充满希望、极富激情的启蒙乐章。启蒙在生命的每一个领域和层次——社会的政治、经济、文化、教育等方面为现代人提供了全新的结构。在相当大的程度上，晚近关于现代教育的种种特性、问题及危机的讨论都与启蒙相纠结。

一、得之于启蒙的现代教育

作为一种人类文化活动，教育是古老的。传统社会，教育在一种自然而然、不言而喻的状态下进行着。家庭、教会等是教育最初的场所，风俗习惯、神话故事、宗教信仰提供着教育最初的资源，教育的最初形态孕育在"养育"、"抚育"、"指导"、"启示"、"训诫"等人类日常生活中。

与传统教育不同，现代教育在十八九世纪的诞生，一开始就以其特有的自觉清醒、明晰自信，鼓舞人心。现代教育反叛"神谕"，改造"习俗"，教育从此成为一项理智的事业。现代教育不再局限于家庭、教堂，成为社会生活的一部分。现代教育也不再是神人之际所充斥的"罪"与"罚"的暴戾，它为人类幸福的增进提供着卓有成效的努力。更重要的是，现代教育将不再是少数人的特权，在人类历史上，现代教育的诞生，首次让人们相信，所有的人要了解他们自己以及他们生活的世界，都将成为可能。

现代教育的精神气质与启蒙理性的乐观自信如出一辙。在一定意义上，启蒙塑造了现代教育的种种特性——教育现代性。

（一）正是在启蒙对理性自觉的捍卫中，现代教育发现了自己独立存在的合法性。

对"启蒙"的简单词源考证可以发现，现代中文的"启蒙"、英文的 *Enlightenment* 以及德文的 *die Aufklaerung* 都是对法文 *les lumieresde* 的翻译。而这些名称都有一个共同点——与"光"有关。关于光的隐喻，在西方的文明传统中，象征着蒙昧力量与光明力量的冲突。18 世纪的启蒙思想家正是援用"理性之光"的修辞来昭示其尊崇理性、反对权威、谋求人类进步的勃勃雄心。

对于 18 世纪的启蒙思想家来说，启蒙首先允诺的就是理性的自觉：

> 这一启蒙运动除了自由而外并不需要任何别的东西，而且还确乎是一切可以称为自由的东西之中最无害的东西，那就是在一切事情上都有公开运用自己理性的自由。[1]

相信自己的理智，不信任何权威，启蒙以其特有的自信宣告：人类以前的历史已经结束，人的命运从此掌握在自己手中。自由的理性不再是先于一切经验、揭示了事物的绝对本质的"天赋观念"的总和，它是人的一种后天获得物而不是遗产。"理性不是一座精神宝库，把真理像银币一样窖藏起来，而是一种引导我们去发现真理、建立真理和确定真理的独创性的理智力量。"[2]

---

[1] 康德：《历史理性批判文集》，商务印书馆 1990 年版，第 22—31 页。
[2] 卡西尔：《启蒙哲学》，山东人民出版社 2007 年版，第 11 页。

从此，关于世界是怎样、什么是美好生活以及怎样过美好生活等种种问题，不再是神的告诫、祖先的遗训，所有这些答案的寻求通通归落为个人自我的能力和权利。在我们生活的这个世界上，人们不仅有能力而且有权利为自己选择各自的生活方式，有权利以自己的良知选择自己的信仰，确立自己的道德准则。

作为理性自由的生命体，人可以通过运用自己的力量去了解世界、认识自己，并能够按照这种认识去行动，竭尽可能地推进自己的福祉。按照黑格尔的说法，只有在现代世界，所有的个体才有独特不群、自命不凡的感觉，也只有在现代世界，人们才愿意、并可能对自己的所作所为负责。"人类脱离自我招致的不成熟"的启蒙过程与现代教育的诞生互为表里，自觉、自由且功过自承的理性主体的出现，宣告着现代教育独立而出的时代的到来。

（二）怀疑精神、反叛精神既作为理性自觉的前提，也作为理性自觉的结果，为现代教育的一个基本目标——开启民智——开辟了丰富的可能性。

在过去，所谓的真知，一直为少数人所有。少数人统治多数人的名分，其最重要的理由和基础就在于少数人的知识优于多数人的一般见解。这些少数人所掌握的"特权性"知识，包括柏拉图式的智慧、亚里士多德的目的论，甚至包括阅读《圣经》的能力等，都被用来在"少数人"与"一般人"之间制造距离。

如今，在具有"一种影响深远的哲学质疑气质"的启蒙理性的解读下，知识并无任何玄妙、神奇之处，至少在原则上，它人人可以获得。尼采在其关于"主人道德与奴隶道德"的论述中指出，整个西方的现代性起源于"奴隶"反对"主人"，即"低贱"反对"高贵"的运动。按照浪漫主义的观点,启蒙后的世界将是一个平凡的世界,一个平常事务的时代,只有"平常"才能平息启蒙的怀疑。

> 可以连接我们与启蒙的绳索不是忠实于某些教条,而是一种态度的永恒复活——这种态度是一种哲学的气质,它可以被描述为对我们的历史时代的永恒的批判。①

在受教育机会非常有限的环境中,教育基本上被视为一种世袭特权。现在,特权被转变为人人皆有的权利,这正是启蒙的方案,它促成人类社会摆脱了世袭的残迹,使得人尽其才。在此意义上,正是启蒙理性的怀疑和反叛气质,赋予了现代教育难能可贵的"平民"价值观。从此,现代教育抛弃了原始教育的神秘,抛弃了古代教育的神圣,成为一种世俗的、可以为多数人所亲近、所欲求的需要。

(三)启蒙理性对自我保存的认肯,使得对幸福的渴望和谋求成为现代教育的当然主题。

在过去——按照麦金太尔的说法,"个人"这个人物是没有的,更遑论他的幸福。② 作为西方文明传统中最主要载体的基督文化,其核心问题一直事关人的救赎,即:人生而有罪,只有依靠上帝的力量才能获救,而获救的道路是通过圣子耶稣基督道成肉身为

---

① 施密特:《启蒙运动与现代性》,上海人民出版社 2005 年版,第 361 页。
② 麦金太尔:《伦理学简史》,商务印书馆 2003 年版,第 121 页。

人类赎罪。在这里，基督是神人之间的中介，是人获救的中保。由于神和基督都是超验的，因此救赎也成了一个超验的问题而充满了不确定性，一个信徒终其一生都无法确知自己获救的消息，他终生带着对获救与否的疑虑和惶恐追问上帝，仰从神明。

到了中世纪，随着以教皇为首的僧侣等级的出现，有罪的人不直接向上帝祷告，只能通过为上帝服务的教士阶层代祷。原先祈求上帝宽恕的祷告"愿全能的上帝帮助和保佑你，宽宥你过去、现在和将来的罪"变成了由教士宣布"我赦免你"。

对于基督教精神外在化的后果，黑格尔在他的《历史哲学》里有过精到的议论：由于认"神圣的东西"为外在的东西，救赎被当做一种外在事物的性质而被制约，对基督徒而言，人生最高的福利就陷入他人之手，由此即产生了一种事实上的分别——操有这种福利的僧侣和必须从他人手中求得这种赐福的俗人。教义的全部发展，精神的识见和神圣事物的知识完全属于教会，真理变成了一个阶级的绝对所有物。教会负责命令，俗人只配服从，没有任何自己的见识。这种情形使得信仰变成了一种外界规定的事情，而结果便流为强迫和火刑。

马丁·路德的"人人皆僧侣"原则，是对中世纪教会迷信的致命一击。原先被垄断的《圣经》意义现在向每个信徒开放，教徒个人获得了理解和诠释的自由，由此，个人获得了信仰的自我主体性。

正是在此意义上，黑格尔总是将宗教改革置于"现代"的开端处，他把路德宗教改革的"根本内容"直接宣示为：人类靠自己是注定要变成自由的。而"这个自由的发挥和自我反思对它的理解，乃是后来的事。"① 启蒙，正是这个开端所开启的自由精神——在后来——的伟大"溢出"。

不同于基督精神中的"救赎"与"赎罪"，启蒙的过程一开始就得益于自我保存的推动。洛克认为，自我保存是以财产为名的所有一切的最根本的基础。"上帝扎根在人类心目中和镌刻在他的天性上的最根本和最强烈的要求，就是自我保存的要求，这就是每一个人具有支配万物以维持个人生存与供给个人使用的权利的基础。"② 在启蒙思想家看来，正是幸福预设了生命，对功利幸福的追求是人类最本能、最直接、最强烈因而也是最普遍的追求。

（四）深受 17 世纪"数学精神"和 18 世纪"力学精神"浸淫的启蒙理性，使得现代教育从作为大量日常性认识活动的模糊性、不确定性中区别出来，成为一种专门的"学业"。

十六七世纪，因为自然科学的一系列伟大发现，尤其是牛顿的万有引力定律，使得自然虽然还像中世纪一样，是一个和谐的系统，但"已不再是一个有目的的等级体系，而是一个力和质量的结构了。"③

这一时期，由于数学被应用于由实验和严格观察所显现的整个外部世界，自然万物，从日月星辰到地上物体的运动、潮汐的涨落以及物质的微观特性，全部纳入了一个可以定量计算和准确预测的统一的数学—力学框架。于是，上帝被悬置一旁，自然世界呈现为一个没有动机、没有意图、没有感情、没有灵性的机械世界。在这

---

① 黑格尔：《哲学史讲演录》第三卷，商务印书馆 1959 年版，第 377 页。
② 洛克：《政府论》（上），商务印书馆 1964 年版，第 88 页。
③ 巴伯：《科学与宗教》，四川人民出版社 1993 年版，第 44 页。

种机械主义的宇宙面前，所有带有鲜明的古典和中世纪特征的世界观土崩瓦解了——这就是所谓"自然的祛魅"。①

接着"自然祛魅"的就是"世界祛魅"。而为世界"解除魔咒"的力量之源正是由近代科学所提炼，并被整个启蒙时代所标举的"理性"。它为日后留下了长久的纷纭聚讼，而在当时则被整个时代奉为圭臬。

启蒙理性，就实质而言，是推理精神和实证精神综合的产物。追随着近代科学足迹的启蒙理性，其最重要的使命在于找到最终的和最基本的确定性，然后据此经由严格的证明和推论，推演出其他派生的存在和知识，演绎出其他命题。在对"确定性"的寻求过程中，启蒙理性发展出其对于科学技术知识及其简明性、客观性的偏好。

在启蒙思想家看来，科学技术知识的"一般"、"普遍"的特性，正符合了确定性的要求。按照韦伯的说法，技术知识不仅可以利用计算，对生活进行有效的控制，而且可以通过训练，使人们头脑清晰。不像关于信仰的领域，始终有不同的"神"在无休止地争斗，在"到底该侍奉谁"的问题上人们无法"明确地"作出判断。

旨在使人们头脑清明的科学知识，通常要求简明。即通过简明性使事情能得到普遍理解，因此，它倾向于为各式各样的人类行为的表现形式建立一种"通用语言"。不仅物品的样式，而且社会交往的规则、言谈举止的姿态、说话的措辞用语、传达信息的方法都

① 格里芬：《后现代科学》，中央编译出版社 1995 年版，第 2 页。

趋向于统一。

现代教育可以说是以科学知识为主要内容，以满足个体和社会的世俗需要为主要目的，以大众化为主要发展方向，以理性启蒙为主要理念的教育。现代教育的基本精神就是科学主义、功利主义和客观主义。①

这种具有一般性、简明性的科学知识，包含着另一层含义，即这样的知识，从原则上说，再也没有什么神秘莫测、无法计算的力量在起作用，人们可以通过学习掌握一切。相反，那些缺乏精确性、隐含着模糊和混乱的学说，新科学将逐渐清除并取代它们。

二、失之于启蒙的现代教育

现代教育体系诞生于启蒙的"理性"、"进步"观念中，但它同时证明"解放"与"奴役"是一种双重运动：启蒙过程一开始得益于自我持存的推动，但在实现自我持存的过程中，生命却被降格为各种各样的功能；启蒙对"进步"的推崇，使得"科学知识"以其前所未有的力量感，凝聚了现代世界对于教育的全部期待和努力，但却使得以效益计算为核心的工具价值成为主流价值；启蒙理性总是用科学的一般性来处理问题，但是概念从来抓不住实际的生活过程和跳动的生活现实……

① 石中英：《知识转型与教育改革》，教育科学出版社 2001 年版，第 113 页。

启蒙在其根基深处存在着无法逃脱的两难。自我确证也自我怀疑的启蒙，在成全现代教育足够多的自我辩护力量的同时，也给现代教育的未来暗置了一些消解性的危机。

（一）启蒙允诺的个体的绝对自由，直接导致了现代人的精神困惑，以及与此相关联的现代教育的无所适从。

个体理性自由承载着启蒙的无限厚望：理性既是有用的能动工具，又是约束和规范人们行为的限制力量；理性既能让人感到自己高于一般动物，又能使人了解自己的有限性；理性是人与动物相区别的一个明显表征，但又体现了人在自然、宇宙、神、命运面前的自知之明；最主要的是，世间的一切问题，都可在"理性"面前迎刃而解。

然而，当差异性的自我都认自身为目的，其必然结果，是对待生活的各种可能态度之间的互不相容：个人和共同体间不同的价值观不存在高低优劣之分，无法给出确定的等级排序，它们差异并存、不可通约，甚至彼此冲突。因此，没有什么价值是最好的，没有哪一条真理是唯一正确的，也不存在通往终极真理的唯一正确的道路，它们彼此竞争，无法统一，难成共识。

现代社会对传统社会的"超越"，一个重要表现就是所谓"整全性"价值的终结。现代性成功地结束了价值由外在力量"强制"的历史，使价值恢复了主体"自律"的本性，本真地依赖于主体的认同，这无疑是现代性成就的一面。然而，取而代之的价值的"领域分化"，却又带来新的价值难局。

价值的"领域分化"意味着现代社会生活诸领域不再束缚于某种统一的、强制性价值，而是逐渐形成"属于自己"的"领域性"的价值。对此，丹尼尔·贝尔在《资本主义文化矛盾》一书中指出，"现代社会是由政治、经济与文化三领域相加而成的不协调的复合体，他们各自拥有相互矛盾的轴心原则，掌管经济的是效益原则，决定政治运转的是平等原则，而引导文化的是自我实现原则。"① 由此产生的机制断裂正是形成现代西方社会紧张冲突的原因。当社会生活的各领域再也不可能接受某种唯一性的强制性价值规范外在地为自己立法，而是要求从自身中内在生成出与各自领域相适应的独立的价值原则，价值秩序的断裂与冲突必然在所难免。

现代社会，伴随着价值"领域分化"同时出现的是价值的"公私分化"。现代社会"公共领域"与"私人领域"的分离，使得私人生活的"价值自由"作为正式的要求被提出并获得确认，具体表现为"公德"与"私德"的区分以及终极价值的"私人化"。个人在"公共生活"中作为"公民"必须接受法律和公共义务的约束，但在私人生活领域，个人坚持何种价值信念，执着于何种价值追求，完全属于私人事务，关于人生的意义、人生目的和人生价值的问题属于私人的主观信仰，在此领域个人拥有完全的"自治"。正是在这个意义上，韦伯提出了让作为行为准则的"世界观"远离讲台，"真正的教师，对于文化价值问题，则不可以在讲台上，以或明或暗的方式，将任何态度强加给学生。"② 结果，事实价值与规范价值之间的紧张，既作为私人价值独立的原因，也作为私人价值独立的后果，制造了现代社会价值秩序断裂的又一种

① 丹尼尔·贝尔：《资本主义文化矛盾》，三联书店 1989 年版，第 78 页。
② 韦伯：《学术与政治》，三联书店 2005 年版，第 42 页。

症状。

由此断裂引发的不安，表现在现代教育领域，就是对价值与意义问题的"怀疑"与"悬置"。按照韦伯，教师在课堂上，他应当做的，也是唯一能够做到的，仅仅是力求保持"头脑的清明"并努力传播这种清明。人生意义的导引，生活价值的建构，生命的终极目的，不再被认为是教育的职司。相反，教育应当回避甚至杜绝带有各种可能偏见的价值观进入，教育应当保持价值中立或价值无涉。

（二）启蒙理性对客观性的偏好，使得那种具有客观实在性的"知识"，成为现代教育的当然主题，并继而将现代教育偷换成"客观知识"教育，导入"客观知识"教育的单行道。世界的"除魅"直接导致的是"事实与价值的分离"。原先蕴涵于事实之中、并为事实所支持的神圣价值或意义指涉被彻底剥离，事实世界只是无生命、无情感、无灵性的机械世界，它不再承诺关于世界和人生意义的知识。

当"事实"成了唯一具有客观实在性，可以被发现、被认知，可以为我们所控制和利用，因而可以真实地推动我们生活"进步"的事物，"事实"也就成为具有真正确定性，因而唯一可以公共化的话题。可以"真实"、"客观"地被研究和讨论的"科学"，关于事实的"科学真理"也就成为唯一可以传播，可以"教育的"的"知识"。

近代自然科学的巨大成就，在使世界"剔除"了附着在事实上的意义的同时，也为以经验事实为对象的"客观知识"（自然科学与社会科学知识）赢得了巨大的声誉。理智主义传统认为，作为一种公共理性，知识的力量就是理性的力量，只要获得和运用知识，我们就能控制和利用自然、改造社会，推动人类的进步，增进我们的幸福。客观知识的真理关联着人类和个体的幸福。对功利幸福的追求是人类最本能、最直接、最强烈因而也是最普遍的追求。对幸福的欲求所产生的力量，第一次借助知识和理性的正当性与知识的力量合流，于是，指向幸福的"知识"以其前所未有的力量感凝聚了现代世界几乎全部的期待和努力。

现代教育责无旁贷地承担了这种期望和要求，无疑，教育是"客观知识"的传播和生产，尤其是创造知识的人才培养的最主要基地，人们对知识的期望就是对教育的期望。几个世纪以来，教育也不负众望地为知识的繁荣、理智的进步和人类幸福的增进提供了卓有成效的努力。

但是，伴随着理性化过程中理性自身的分裂，"片面"的理性，即韦伯所说的"形式理性"建构起的是一个"铁笼"式秩序。现代社会，"铁笼"式秩序的扩张正在日益导致秩序对生活世界的"殖民"，"理性释放的一个负面效果就是更多地依靠公众，从而更缺乏独立精神。当多数人的意见是唯一的裁决，吓人的并不是它的力量而是它貌似正义。"[1] 人们更多关注并看重秩序的"形式"，而不是秩序的"实质"，对秩序"形式"的极度推崇，其结果常常表现为知识权力化——知识与权力共生的显著特征。

当知识权力化成为一种唯一在场的支配性话语，它无形中消解了个体价值选择的自主性和平等性。披上"权力"外衣的知识，

---

[1]　施密特：《启蒙运动与现代性》，上海人民出版社 2005 年版，第 89 页。

必然表现出对个体价值的强制性灌输和压迫性影响。"在仅是教科书和教师才有发言权的时候，那发展智慧和性格的学习便不会发生，不管学生的经验背景在某一时期是如何地贫乏和微薄，只有当他有机会从其经验中作出一点贡献的时候，他才真正受到教育，启发是从授受关系中，从经验和观念的交流中得来的。"① 当价值选择的自主权始终承受着知识性霸权的强势力量，生活在价值多样化场景中的社会成员，必然丧失对诸多价值标准的辨别能力，陷入价值选择的无能状态。最终，理性在成全知识作为一种权力的同时，也使得作为一种公共理性的知识走向了自己的反面——成为一种理性的独断。

与此同时，教育也为此几乎耗尽了全部的能量、空间和想象力，教育日益变成单维的"客观知识"教育。然而，知识若没有智慧烛照其中，即使再多，也只是外在的牵累。② 现代教育在推动知识进步中所获得的力量和成就，以及随之而来的无与伦比的威望，同时也抑制了自身在"客观知识"之外更为丰富的可能性。

（三）启蒙理性对"进步"、"有用"的追求，致使"事实"和事实性效应——关注事实、把握事实的客观逻辑、控制并利用事实以达到事实所可能指示的"实际"目的——全面侵入人类生活的所有领域。此即遍及现代生活的所谓"目的—工具合理主义"或工具理性。工具理性的泛滥导致的是工具价值一元论。最经济的手段、最大的效益、最佳的支出收益比率，是工具主义成功的度量

---

① 杜威：《人的问题》，上海人民出版社 1965 年版，第 27 页。
② 黄克剑：《人韵》，东方出版社 1996 年版，第 238 页。

标准，而"目的"本身是什么，是否有意义有价值，则不再进入工具性视野，不再被审视和追究。工具性价值在现代生活中统帅和覆盖其他所有价值的趋势，使得技术统治的地位和影响如日中天。它使我们相信，应该寻求技术手段的解决，不管我们需要的是什么、目的是什么。

"现代人迷惑于科学造就的繁荣，让自己的整个世界观受实证科学的支配……"，结果"漫不经心地抹去了那些对于真正的人来说至关重要的问题"，遮蔽了人本身存在的意义。[①] 一直试图以科学技术和理性对抗迷信和信仰的人们，结果却突然发现，科学技术和理性本身也成了迷信，只看重事实的科学造成了只看重事实的人，人类在破除宗教神学统治之后，又迎来了技术理性这个"新上帝"对人的统治。

工具价值及其所支持的技术统治，使得以效益计算为核心的工具价值成为主流价值，人们更多关注达到目的最经济、"最合理"的手段，目的本身的意义和价值少人问津，导致了查尔斯·泰勒所谓的"生命中英雄纬度的失落"。[②] 而"生命的英雄纬度的失落和工具理性推动的技术的广泛支配地位，又导致了现代生活相当程度的狭隘化和平庸化。

人类生命中英雄纬度或崇高纬度的丧失，使得以创造性接续人类以往传统中的崇高精神品质，提升人类的生命高度，超越当下既定存在为最终目的的教育，面临失去自己精神制高点，无以统摄全

---

① 胡塞尔：《欧洲科学的危机与超越论的现象学》，商务印书馆 2001 年版，第5 页。

② 泰勒：《现代性的隐忧》，中央编译出版社 2001 年版，第 4 页。

局的碎片化危险。其结果一方面带来现代人无特指的孤独，造成现代人对空虚和无意义的焦虑，"这种焦虑由精神中心的丧失引起，是作为意义之源的绝对价值信仰的瓦解。"① 其本质在于最终"牵挂之物"的丧失。事实上，无论是作为个体的人还是作为文化共同体的人，总会在历史和人生花样的不断翻新处蓦然发现，作为"永恒之物"的不可逃避性之所在。

另一方面，当人与人之间的共有情操和感情纽带已经变得涣散和衰微，能够给人提供共同身份证明和感情交流的"神圣价值"——已经失去了维持彼此持久关系的能力。正因为如此，现代社会的整合已经越来越诉诸法律契约，而不是某种文化认同。当社会的整合不是诉诸信仰上的一致，而是依据权利与义务之间的制度均衡关系，最终无法建立起信念基础上的广泛、深刻与持久的认同，只是一种博弈关系的相对和暂时的平衡。西美尔说，没有人们之间相互享有的普遍的信任，社会本身就将瓦解。

在工具价值的包围中，人类的计算能力得到了相当培养，但作为人类深刻力量的"神圣价值"却被这种社会关系所吞噬，所有的尊贵和美都牺牲了。正如我们越来越普遍感受到的，教育中的技术运用越来越多，教育却离人越来越远。

（四）启蒙理性在其根基处对"同一性"的坚执——通过把自己周围的一切都变成客体，把自己提升为人类的普遍理性，结果，直接导致了现代教育的监管理性特质。

---

① 蒂利希：《蒂利希选集》，三联书店 1999 年版，第 184 页。

启蒙的机械论的观点，既包含了人类行为的可预知性的观点，又包含了操纵人类行为的恰当方式的观点。作为一个观察者，如果我了解到支配他人行为的有关法则，那么无论何时，当我知道前提条件已被满足，便能预知结果。作为一个行为者，如果我认识到这些法则，那么，每当我能够设法满足同样的前提条件时，便能够产生这种结果。①

在福柯看来，精神病机构即一般诊所的诞生，是监管理性取得胜利的典型标志，它构成了"规训化"的一个典型形式。这种理性不仅征服了"疯癫"，而且征服了单个有机体的需求本性。

对监管理性来说，一种客观化的审视目光具有一种建构力量，因为它通过分析看破了一切，继而施展控制性的力量，渗透一切事物当中。"这是理性主体的目光，这个主体失去了与周围环境的所有直觉联系，摧毁了主体间沟通的一切桥梁，陷入了独白式的孤立，其他主体只有在处于冷漠的观察客体的位置上才会向他开放。"②

类似的结构出现在了现代教育的诞生过程中。这是一种以主体为中心的理性获得统治地位的观念：对话关系被破坏，主体之间——它们通过独白而与世隔绝——互为客体，而且仅仅成为客体。按照福柯关于全景监狱的描述，全景敞视建筑是一种分解"观看"、"被观看"二元统一的机制。在环形边缘，人彻底被观看，但人不能

① 麦金太尔：《德性之后》，中国社会科学出版社1997年版，第107页。
② 哈贝马斯：《现代性的哲学话语》，译林出版社2004年版，第289页。

观看；在中心瞭望塔，人能观看一切，但不会被观看到。①

如果启蒙的梦想是看到一个没有阴影、把一切东西都沐浴在理性光芒之中的世界，那么这个梦想实际上同时蕴含着一些危险的东西：因为想看到一切东西就是想站在上帝的立场上，或者想站在圆形监狱的瞭望塔中卫兵的立场上。② 按照福柯，监管理性依靠的是一个精确的命令系统，被监管人员的全部活动都用简明的命令来表示和维持：

> 命令是无需解释的。令行禁止，无须废话。规训教师与受训者之间，是一种传递信号的关系。这里不存在理解命令的问题，所需要的仅仅是根据某种人为的、预先编排的符码，接受信号和立即作出反应。肉体被置于一个小小的信号世界，每一个信号都联系着一个必须作出的反应。它从一切事物中专横地排除任何观念，任何抵牾。训练有素的"士兵"服从任何命令；他的服从是迅速而盲目的……

监管理性所支配、压迫和破坏的，不是别的，正是活泼的个体生命。"人对自身的控制，以及对自我的论证，看起来是为了主体的好，其实是对主体的毁灭。因为受到控制和压制并在自我捍卫中消失的正是生命，正是应当捍卫的东西。"③ 对普遍性的寻求，最

---

① 参见福科：《规训与惩罚》，三联书店 1999 年版，第 256 页。
② 参见施密特：《启蒙运动与现代性》，上海人民出版社 2005 年版，第 31 页。
③ 霍克海默、阿多尔诺：《启蒙辩证法》，上海人民出版社 2003 年版，第 70 页。

终带来的却是生命的普遍异化和降格，监管理性在现代教育中透露的是人在精神上霸道同时也无能的消息。与传统社会"没有选择的标准"不同，现代人常常面对"没有标准的选择"。所谓"没有标准"，其实质并不是真正意义上的"标准"缺失，而是面对多种标准，选择主体无法发展起自己稳定的价值甄别力，从而在关于生活的意义等问题上无法形成正确的价值理解和价值行为。

启蒙的"危险"是一个不争的事实。吊诡之处在于，启蒙的危险不是因为外在的"敌人"，恰恰是因为它自己的内在矛盾张力。对启蒙的真正理解或许只有在关于启蒙的神话被打碎时才有可能。因为启蒙的危机越深刻，恰恰提供了一种前所未有的有利契机，使得人们越有可能以全新的视角来审视没有被真正理解的传统。

第三章

现代教育的 "幸福" 路向

通过向所有不同的秩序概念宣战，通过赋予感官快乐和痛苦以重要意义，功利主义第一次使把减轻人类社会的痛苦置于社会议事日程的中心成为可能。这在现代社会产生了真正革命性的影响，不仅改变了我们的法律体系，而且使得我们实践和利害关系的整个领域都发生了变革。

——《自我的根源》

作为人类迈出的充满悖论的一步，启蒙引发了众多晦暗不明的理论难题，关于启蒙方案的长短得失始终莫衷一是。但是，无论怎样，谁也不可能并且也不应该埋没这个将理性和科学推崇为人的最高官能的时代。启蒙以其特有的对理性自主的热烈捍卫，标志着人类历史中的重要一刻。正是启蒙对自由、进步、平等的无比热爱，给予现代教育一个初衷难忘的幸福价值祈向。

第一节　自然状态中的人及其权利

关于教育目的的询问是理解一切教育活动的前提，而所有关于"培养什么样的人"这种对教育目的的寻取，必定首先究问"人是什么"。而"人是什么"的问题又总是必然地被置换成"人的本性是什么"以及"人应该是什么"这一对相互关联的问题。欧洲启蒙时代的思想家正是循着"本然的人"、"基于本然而应然的人"、"通过教育而成为应然的人"的进路构筑了他们关于人及其教育的学说，开启了现代教育的"幸福论"路向。

在以赛亚·伯林看来，面对那种类似于询问"滑铁卢战役发生在什么时间"的问题，人们通常会胸有成竹，知道怎样去寻求相关的证据。相反，当面对有关他自己或他人，比如"我应该怎样生活"等问题时，往往对怎样着手去寻找答案没有多大把握。其中的主要困难在于：对到底应该采取什么方法去解决这类问题，缺乏明显的普遍为人所接受的程序。

然而，这类令人迷惑不解、萦怀烦恼的问题，在18世纪，因为自然科学的伟大发现一时间变得"唾手可得"。17世纪数学和物理学的空前发展，不仅改变了人们原本持有的关于客观世界的观念，更关键的是，数学的、物理的方法从此成为发现和解释所有问题的唯一可靠方法。运用理性的分析与综合功能，将一切事务还原为最终因素，再加以综合重建的方法论原则，成为18世纪精神的通用工具。正是运用这种通行并且可靠的方法，"本然的人"在

"自然状态"中被发现了。

一、霍布斯的"发现"

列奥·施特劳斯把约翰·洛克誉为所有现代自然权利论的导师中，最为著名和影响最大的一位。然而，自然权利观念从"传统"到"现代"的转型，却首先得益于霍布斯的贡献。霍布斯运用现代自然科学的伟大发现，摧毁了传统自然权利论的基础，为现代精神第一次提供了原子式的"个人"概念，对一切后来的政治思想，尤其是洛克，产生了巨大的影响。

在霍布斯看来，传统哲学失败的一个重要原因在于，它仅仅把"存在"理解为具有静止属性的消极的东西，这样带来的结果，就是没有办法获得合乎理性的、严格的哲学知识。而人如果想真正"认识"一个事物，必须亲自去"构成"它。"所有的科学，包括关于物质世界和精神世界的科学，都必须是以这种创造知识对象的活动为中心的，否则，一切认识活动都是无效的。没有创造……就无所谓哲学。"①

按照卡西尔的分析，霍布斯对"哲学改造"以及"哲学创造"的这份自信，直接受启于十七八世纪一种"新的逻辑形式"的发展。这种逻辑形式不满足于仅仅将现有的知识分类，而是力求使自己成为研究的工具，它所制造的理智的冲击，在关于"定义"的理论中表现得最为直接、最为明显。按照这一逻辑观，定义的目的

① 卡西尔：《启蒙哲学》，山东人民出版社 2007 年版，第 236 页。

不仅仅是为了分析和描述概念的内容，还应当成为建构概念内容、并通过这种建构活动确立概念内容的手段。

> 17世纪所有伟大的逻辑学家探究了整体由以产生或者至少被认为是由以产生的内在规律。他们想用生成律阐明整体的本性和行为，不但说明整体是什么，也说明整体为什么如此。真正的发生定义能使我们理解复合体的结构，然而，这种定义不会在这个结构本身面前止步不前，而是追溯到它的基础。①

这一"因果定义"的价值，被霍布斯敏锐地"捕捉"并"把握"了。与同时代其他思想家不同的是，霍布斯并不认为这一发现只是单纯逻辑学的改革，而是将之直接看做是对经院哲学传统改造的开始。它意味着，哲学不再是关于事物是什么的知识，而是关于事物何以如此的知识。然而，怎么才能知道事物何以如此？"在近代所有已知的科学探索中，只有数学是成功的，因此，新的哲学必须按照数学的模式来建立。"② 问题的解决完全可以由作为"一切自然科学之母"的数学来保证。

按照霍布斯，思维不过是一种"计算"，而计算无非是加法和减法的交替运用。减法意味着分解和还原，而加法意味着综合与重建。所有的事物都必须经由减法将其分解并还原到它的最终因素，才能合理地将其重新综合并重建出来。"要理解整体，只有通过追

---

① 卡西尔：《启蒙哲学》，山东人民出版社2007年版，第235页。
② 施特劳斯：《自然权利与历史》，三联书店2003年版，第175页。

溯到它的组成部分，追溯到那些从一开始就把这些组成部分联结在一起，并且继续把它们连接在一起的力量。我们必须把这种分析一直深入下去，直至追溯到真正的元素，追溯到绝对不可分割的单元。"①

因此，如果我们想要理解"国家"这一"物体"，只有通过分析它的终极组成部分，并用这些组成部分把它重建起来，它才能被理解。同样，如果我们想要理解政治结构和社会结构，也必须将它们分解为它们的最终组成部分。尽管从经验角度，这一"分解到最后"的理想是不可能实现的，但这一障碍最终被霍布斯凭借"一般理性原则的彻底运用"给逾越了。按照霍布斯，如果我们想理解社会的本性，就必须将已有的构成人们之间联系的纽带割断，把所有的文明堆积物减去，才能了解它的最终构成要素及其性质，从而才能找到将其重新结合起来的有效方式。

于是，在一切社会关系减去之后，霍布斯把"市民状态"还原为"自然状态"。按照施特劳斯的说法，只是到霍布斯这里，自然状态才与"对于公民社会起源或人类进入政治状态之前的生活"的反思关联起来。在此之前，"自然状态"的含义，有时与"基督法状态"对举；有时标志为在一个健康的公民社会中的生活，而非在公民社会之先；有时也代表一种合于自然比之公民社会更为可取的生活样式。而在霍布斯看来，"自然状态"等同于一种"开端"，作为人类最初的生存状态，"自然状态"是一种由最原始的

---

① 霍布斯：《论物体》，转引自《启蒙哲学》，山东人民出版社 2007 年版，第236 页。

欲望支配着的生活。自然状态的特征就是，其中有着不折不扣的权利，而没有不折不扣的义务。① 自然状态中的人，依据自然，第一，具有自我保全的权利；第二，拥有选择"自我保存必需手段"的权利；第三，每个人也都是"何为其自我保全的正当手段"的裁定者。具体而言，霍布斯的"自然状态"中人是这样的：

第一，自然状态下人与人之间大致平等。在霍布斯看来，成年人之间的差别其实很小，在知识上和力量上的差别几乎可以忽略不计。现实中我们通常感受到的一些差别，主要是在"经验"和"智慧"层面，这些差别是由于人后天的教养不同导致的。

> 自然使人在身心两方面的能力都十分相等，有时某人的体力虽则显然比另一个人强，或是脑力比另一个人敏捷；但这一切总加在一起，也不会使人与人之间的差别大到使这人能要求获得人家不能像他一样要求的任何利益。现实中我们通常感受到的一些差别，主要是在"经验"和"智慧"层面，这些差别是由于人后天的教养不同导致的。②

这种状态中，平等才是自然的，霍布斯依据类似"无知之幕"的"自然状态"，以一种"激进的"方式消除了人与人之间的不平等。在此之前，人与人之间的平等从来都是虚妄的，不平等才是自然的。从霍布斯开始，平等被赋予了"自然"的意味，"所有人天

---

① 施特劳斯：《自然权利与历史》，三联书店 2003 年版，第 188 页。
② 霍布斯：《利维坦》，商务印书馆 1985 年版，第 92 页。

生彼此平等,我们现实中的不平等是被国法带进来的。"① 现实世界中人与人之间的不平等,贵族与平民,富者和贫者的差别,在霍布斯的政治逻辑中被消除。这种对人的平等状态的肯定和描述,以其特有的激进和前瞻,勾勒出现代政治的基本逻辑,它为现代公民的产生奠定了重要的平等原则,它意味着:公民之间,是相互平等的,这种平等,在人还没有进入公民社会,还没有进入政治国家开始的时候就存在。

第二,自然状态中每个人对一切都有天然权利。按照霍布斯,在构成人的所有自然权利中,首当其冲的是"自我保存",即凡是涉及保护自己生命,以及与此关联的手段的一切都属于个人所拥有的天赋权利。霍布斯宣称,不必展开想象的翅膀畅想宇宙的目的,不存在形而上学的基础,也不存在把事物和人纳入秩序的灵魂。人也许是自然中的一个不速之客,但他的确是某种存在,通过他的强烈情感就能找到自己的意义所在。对多数时候多数人而言,最强有力的不是理性而是情感,自然法就从一切情感中最强烈者推演出来。而在一切感觉中最强烈的,乃是对死亡的恐惧。更具体地说,是对暴死于他人之手的恐惧。不是自然,而是"自然的可怕对头——死亡",提供了最终的指南。霍布斯所描述的"对于死于暴力的恐惧,深刻地表达了人所有欲求中最强烈、最根本的欲求,亦即最初的、自我保全的欲求"。

按照布鲁姆,在"霍布斯的时刻",人是一个真实的自我,不是虚妄的意识,也不是被教会、国家和公众的观点异化了的自我。

---

① 霍布斯:《论公民》,贵州人民出版社 2003 年版,第 3 页。

这种体验在"确定优先秩序"方面，比起任何关于灵魂的学说或它的所谓派生物——比如良心，或许更有帮助。

第三，自我保全的欲求乃是一切正义和道德的唯一根源。自然法必须得从自我保全的欲求中推演出来这一事实说明，所有的义务都是从根本的、不可离弃的自我保全的权利中派生出来的。不存在什么绝对的无条件的义务，义务只有在其施行不至于危及我们的自我保全时，才具有约束力。唯有自我保全的权利才是无条件的、绝对的。

> 就像人们常常观察到的，在 17 世纪和 18 世纪的过程中有了一种前所未有的对于权利的极大重视和强调。可以说重点由自然义务转向了自然权利。由以自然义务为取向转到以自然权利为取向的根本性变化，在霍布斯的学说中得到了最为清晰有力的表达。他直截了当地使一项无条件的自然权利成为一切自然义务的基础，因而义务就不过是有条件的。[①]

施特劳斯将霍布斯看做是明确的现代自然法学说的创立者，他所关注的是实现正当社会秩序所必需的人所应具备的条件。他反对"以人的义务来界定社会秩序的实现"的传统观点，主张社会或主权者的一切权利都是由原本属于个人的权利派生出来的。"既然基本的、绝对的道德事实是一项权利而非一项义务，社会的职能和界限就一定得以人的自然权利而不是其自然义务来界定。国家的职能

---

① 施特劳斯：《自然权利与历史》，三联书店 2003 年版，第 188 页。

也不在于创造或促进一种有德性的生活，而是要保护每个人的自然权利。国家的权力是在自然权利而不是其他道德事实中看到其不可逾越的界限的。"①

第四，自然状态中的自我被定义为其他人的对立面。霍布斯在指出人人都应该认清自己的感觉时，特别强调说，这种感觉是"他自己"，而不是"别人"，进而明确了"自然状态"下人与人之间的相互竞争关系。霍布斯认为，在自然状态里，"在没有一个共同权力使大家慑服的时候，人们便处在所谓的战争状态之下。这种战争是每一个人对每一个人的战争"②。之所以有这种局面，是源于人的天性。按照福柯的分析，霍布斯所谓基于自然的平等性，其实质类似于一种"致命的平等"，而这种"致命的"平等，正是人们之间相互恐惧的重要原因。自然状态之所以会是一种"战争状态"，就在于置身其中的每一个人之间的差异非常小，小到让各方自觉势均力敌，最终导致在自然的差异性消失的地方，就产生了不确定性、冒险、危险，以及双方预备交战。正是这种原初性的势力关系中的动态元素产生了战争的状态。

问题在于，如果说每个人都依据自然拥有自我保全的能力，而且彼此之间只有竞争和冲突，那么，又由谁来裁定何种手段为某个人的自我保全所必需呢？事实是，每个人对一切都有权利，这样的自然状态及其界定的权利并不能真正带来和平，在没有"权威"对个人权利进行界分和保障的情形下，人们所欲求的自保的目的最

---

① 霍布斯:《论公民》，贵州人民出版社 2003 年版，第 18 页。
② 霍布斯《利维坦》，商务印书馆 1985 年版，第 94—95 页。

终只会以失败告终。要达到个人的自我保全，就必须走出自然状态，通过一个普遍的契约，使人们同意彼此放弃相同的权利给第三方。正是在对自然状态的这种否定中，产生了具有绝对和无限权力的国家——"利维坦"这一肯定的内容。

> 绝对的孤立中，怎样才能产生出一种联系？霍布斯关于自然状态和社会契约的学说试图解决的一个根本问题就是，如何把松散的个人结合在一起，而且最终把他们焊接成一个整体。当统治和服从被看做唯一能把本性原是分开的东西转变为一个整体，并使这一整体存在下去的力量，霍布斯所想象的社会契约只能是投降的谈判而已。①

在霍布斯的理论中，服从契约成了留存下来的唯一纽带，他相信，因为这一纽带，可以产生任何形式的社会生活。在个人与统治者订立契约以前，他们只是混乱的群体，一个没有任何整合迹象的聚合体。只有借助于无限制的主权，这个整体才得以维持。然而，当作为霍布斯理论的基础的抽象的个人，是脱离了人类、脱离了人性的纯粹形式的个人，这样的个人并不可能缔结契约，因为契约这种允诺本身，只有以原始的"社交性"为前提和根据，体现为一种自由作出的而不是迫于强制的服从，才是可能并可以理解的。按照格劳修斯，符合人类理智的对社会的保护是社会权力的源泉，作为自然法最高公理之一的无条件地忠于契约的原则必须奠基于这样

---

① 卡西尔：《启蒙哲学》，山东人民出版社 2007 年版，第 237 页。

的一个基础：不仅仅把国家想象为权力和物质强制的总和，相反，应该用它的任务、意义和目的说明它的本性。契约作为一种自由地作出的允诺，而不是迫于强制的服从，这样一个契约概念包含了国家的含义。①

个体意志以绝对服从契约方式的联合最终取消了个体意志，这种被后人称作"投降的谈判"的霍布斯式的契约论结果，基本上为启蒙运动乃至后世自由主义所拒绝。尽管如此，"霍布斯的减法"所得出的自然状态中坚执"自我保全"的自然权利的"个人"，则对一切后来的思想，尤其是洛克，产生了巨大的影响。

二、洛克式"个人"的贡献

权利天赋而理性自律的"个人"，只是到了洛克这里，才得到了最经典的表述。按照施特劳斯的说法，洛克本人一直谨慎地"抑制自己不要提到霍布斯的名字"，其关于"自然"的主张，乍看起来，也确实拒绝了霍布斯的"自然"观念。因为在洛克看来，"自然"这一概念，除了霍布斯所指的"自然状态中的人的自然本性"这一含义，还包括属于"神性的自然"的含义。换言之，人类的自然权利，在洛克这里，既植根于人性，也可以在上帝那里找到证明。

按照洛克在《政府论》中的说明，所谓"自然的"，首先是遵从上帝的意志或曰"神法"。表面看来，这是一种完全的神学论的

① 卡西尔：《启蒙哲学》，山东人民出版社2007年版，第239页。

证明。但是，洛克接着强调，这种"神法"所传播的，虽然是上帝的意志，但却在理性之内，或者说，是通过理性完全地为人所知的。用洛克自己的话说，上帝的创造，只给予了人类以一种存在，上帝在创造了人类和世界以后，又指示人类，通过他自己的感觉和理性，利用那些可供生存所需的东西，给予自己以"自我保存"的手段。①

一方面自然状态中的人自然自由，另一方面又试图证明，上帝通过给人类以权利和理性从而让人类自由。很显然，在洛克的"自然法"与"神法"之间，存在着明显的困难。也许正因为如此，洛克在其《政府论》下篇中，转而求助于霍布斯的"自然状态"，最终走上了霍布斯引导的道路，成为霍布斯的默然追随者。

和霍布斯一样，洛克同样是谙熟分析方法的大师，他对人性所作还原的结果，同样是"自我保存"。洛克认为，所有人都天然地处于"自然状态"。洛克甚至比霍布斯更明确地强调，人们确实曾经生活于自然状态中，或者说自然状态并非仅仅是一个假说。自然状态中的人拥有"自然"的本性。这种"自然"的本性，就是自然而然固有的，任何力量压制不住的，它是人身上最恒定、最强大的力量。

洛克所谓"自然状态"中人的"自然"本性，就是人生来就拥有的对于自身的权利，其他人对此无权过问和干预，它主要包括：（一）自然状态中的人必然自由。"人们生来就享有完全自由的权利，并和世界上其他人或许多人相等，不受控制地享受自然法

---

① 洛克：《政府论》（上），商务印书馆1996年版，第67页。

110

的一切权利和利益。"① 在洛克看来，自由首先意味着一种"状态"，即人类原初自然所处的"一种完备无确定的自由状态"。当然，这种状态并不是指个人乐意怎样做就怎样做，高兴怎样生活就怎样生活，而是指在自然法的范围内，按照他们认为合适的办法，决定他们的行动和处理他们的财产和人身，而无须得到任何人的许可或听命于任何人的意志。自然状态中有自然法来治理，约束着每一个人。理性，也就是自然法，教导着有意听从它的任何人。在此意义上，自由表明为一种不可剥夺、不可压制，"只以自然法为准绳"的自然权利。

其次，自由是一种能力或禀赋。"一个人如果有一种能力，可以按照心理的选择和指导，来思想或不思想，来运动或不运动，则可以说他是自由的。"② 在这里，自由是指，人有能力按照自己的选择，实现或中止一个行为。因此，自由作为一种能力，与人的思想、意欲和意志相关联。人们在有能力依据心理的取舍来决定做一件事情或不做一件事情时，才有所谓的自由，离开了思想、离开了意欲，离开了意志，就无所谓自由。这种自由的能力，在洛克看来，人人皆有，人们"共享同样的本性"，都有自我保存和欲望以及保存自己的基本能力，诸如感觉、激情、理解力和意志等。因此，洛克说，既被赋有同样的能力，在同一自然共同体内共享一切，就不能设想人们之间有任何从属关系。

最后，自由作为一种能力，是有限的。在洛克看来，自由观念

---

① 洛克：《政府论》（下），商务印书馆1996年版，第87页。
② 同上书，第21页。

的范围与能力的范围一样大，它以人的欲望为界。超出这个界限，则我们不知如何还能想象其自由。而人的欲望，在洛克那里，比之人的意志，更为原始，更有力量。因此，洛克认为，绝不能仓促地遵从我们的各种欲望，人们必须要将自己的情感加以限制调理。而理性，正是我们对欲望加以限制的依据。理性通过对欲望的修正，发现人们应该做的。结果不但没有减少自由，相反，这种限制，是对我们本质的完善。洛克说，一个人按理性行事并不是不自由，实际是自由的完美状态。这种积极的自由构成人类生存的基础，也是人类不可或缺的最基本的自然权利之一。

（二）自我保存是以财产为名的一切自然权利的最根本基础。对洛克来说，强调自然状态中人的自由的自然性和必然性，其主要目的就在于，自由这一观念中预设了很多其他的权利概念，而其中最重要的就是关于财产的自然权利。

财产权理论是洛克自然权利理论中最具特色的部分。如果说，在霍布斯那里，保存生命被当成了人类唯一的自然权利，那么，到了洛克，财产权则摇身变成了人类唯一的自然权利。在洛克这里，作为人类唯一自然权利的财产，其内容，不仅仅限于物质方面的对象，它包括诸如人的生命、自由、健康、不动产等多个方面；其地位，具有至高无上的神圣性。财产不仅为自然状态中的人所天然拥有，而且，正是为了保全和维护自然状态的财产，人们才进入了公民社会。按照施特劳斯，洛克所理解的自然法包含两条极其重要的准则：

在洛克看来，"上帝法与自然法"的准则之一，就是政府未经人民自己或他们的代表所表示的同意，不能对人民的财产征收赋税。洛克所理解的另一条极其重要而突出的自然法的准则是，征服者没有权利和资格占有被征服者的财产，即使是在一场正义战争中，征服者也不能"处分被征服者的财产"。[①]

洛克如此急切甚至连他本人都觉得"有些奇怪"地赋予"财产"以绝对的优先权，其实是自我保全的根本权利的一个必然推论。"对财产的自然权利乃是自我保全的根本权利的一个推论。如果说每个人都有保全自己的自然权利的话，他必然就具有对于他的自我保全所必需的一切东西的权利。"[②] 在洛克这里，自我保存实际是以财产为名的一切自然权利的最根本基础。

洛克认为，保存自己，既是人的天性中最根本、最强烈的要求，也是每个人具有支配万物以维持个人生存与供给个人使用的权利的基础。每个人都必须保存自己，不能擅自改变他的地位。对洛克来说，任何人都不能通过类似"更为高贵的用处"的借口，为某个人破坏其他人的生命进行辩护，因为所有的人生来都是平等的。当然，这里的平等并不是说所有的人在每一个方面都平等，而是每一个人对其天然自由所享有的平等权利，不受制于其他人的意志或权威。正是对"人必须被保存"、"人有自然欲望保存自己"的积极认肯，施特劳斯把洛克归为霍布斯的追随者。

然而，在霍布斯把自我保全当做一种彻底的权利要求的地方，

---

① 施特劳斯：《自然权利与历史》，三联书店 2003 年版，第 219 页。
② 同上书，第 240 页。

洛克显然比他更谨慎、也更富远见。洛克指出，并非任何促动寻求个人保存的欲望都是正当的。"正因为每个人必须保存自己，……所以基于同样的理由，当他保存自身不成问题时，他就应该尽其所能保存其余的人类。"① 因此，在洛克这里，人的自我保存同时包含有保存他人的义务。正是在这一点上，洛克使自己区别于霍布斯。

（三）自我保存同时是一种自然义务。在霍布斯那里，自然状态中人所遵循的唯一的、首要的戒律就是自我保存。由此，霍布斯认为，人不应该接受哪怕是最轻微的危险，即使一个人并没有显示被侵略的意图，任何预防性的行为都被认为是正当的。但如果每个人都被赋予对他人的预防性攻击的权利，那么每个人对他人而言都是极度危险的——"人与人之间就像狼一样"。

然而，在洛克看来，自我保存并不是唯一的价值，人需要保存自己，但当保存自己不成问题时，还要保存他人。因此，当对他人的预防会导致过度伤害和危险时，停止这种行为无疑比实施这种行为更为恰当。洛克认为，如果每个人都是以自己的利益为唯一基础，那么，自然法的约束力将不可能得到合理的解释。每个人在特定的情境下认为对自己有利的东西，是否对他就是合法而且不可避免？对此，洛克的回答是否定的。当一个人为保存自己而行动时，他同时就承担了一种自然义务：确保该行动有助于所有人的保存。

> 自然法给每个人施加了"尽其可能"地保全其他人的绝
> 对义务……倘若自然状态的特征乃是自我保全与保全他人之间

---

① 洛克:《政府论》（下），商务印书馆1996年版，第6页。

的习惯性冲突，那意愿所有人之间和平与保全的自然法就会归于无效……因此，自然状态一定得是"一个和平、善意、互助和保全的状态。①

由此，洛克的"自然状态"，也就不再是"一切人反对一切人的战争状态"，而是一种完美无缺的自由状态和平等状态，同时也是一种有序的非放任状态："自然状态有一种为人人所应遵守的自然法对它起着支配作用；而理性，也就是自然法，教导着有意遵从理性的全人类：人们既然都是平等和独立的，任何人就不得侵害他人的生命、健康、自由或财产。"②

如果说，因为霍布斯，所有的义务都成了最初的、根本的，是不可离弃的自我保全的权利中推演派生出来的东西，世间只存在着一项不折不扣的权利，而不存在什么不折不扣的义务，义务只有在其施行不至危及我们的自我保全时，才具有约束力。那么，到了洛克，则更多了一份对传统"义务基调"难能可贵的继承。不过，洛克对"自然义务"的强调，既不是对传统自然法"义务本位"的老调重弹，更不是对霍布斯"自然权利"基调的全盘置换，其真正的目的是要在"与义务相对应而存在的意义"上来理解权利，从而建立其更容易获得整体认同的"有限权利"理论。

（四）社会起源于个人的契约"同意"，而契约的核心内容就是个体自然权利向共同体的转让与集中。事实上，无论是在霍布斯

---

① 施特劳斯：《自然权利与历史》，三联书店 2003 年版，第 229 页。
② 洛克：《政府论》（下），商务印书馆 1996 年版，第 6 页。

还是洛克眼里，自然状态的特征，无一例外都是"自我保全"与"保全他人"之间的习惯性冲突。不同之处在于，霍布斯的自我保全没有给他人留下任何余地，自我保全的欲求在霍布斯那里成为一切正义和道德的唯一源泉。然而，由于力图自我保全的人都在自然状态中，其结果必定同时构成对彼此这一权利的否定。因此，在霍布斯想象的"自然状态"下，体力智力原本相去不多，并且都拥有自然权利的个人，从一开始就为着利害——利益、名誉和安全等争斗不已。

于是，相互之间的怨恨、伤害和苦楚，伴随着霍布斯自然状态中的人们，在那里，争斗与麻烦无休无止，其中充满了恐惧和毫无止歇的危险。正是对自然状态的这种否定中，产生了具有绝对和无限权力的国家——"利维坦"或"有死的上帝"这一肯定的内容。对彼此侵夺的和战争的恐惧，使人们被迫相互订立契约，全部的个人意志、自然权利通过契约合意，让渡、集中、统一为君主最高和绝对的主权，以及其所制定的法律的绝对统治。

洛克同样承认自然状态"贫乏而且可怜"的"松散"性质。洛克指出，在自然状态中，人们尽管享有充分的自由、平等和权利，但这自由、平等也意味着对一切争斗、怨恨、愤怒、欺骗行为的无所禁阻。自然状态下的每个人，在拥有依其欲望自由生活的表象下，事实上并无任何安全感可言。在霍布斯因为自我保存最终无法自我安顿的地方，洛克再进了一步：既然人人都平等独立，任何人也就不得侵害他人。在洛克这里，自然状态本身的缺陷①，最终

---

① 洛克：《政府论》（下），商务印书馆1996年版，第77—78页。

使得人们从自然状态走出，开始另一种生活状态的谋划——自愿谋求联合组成社会。

借由人的自然权利与"理性自觉"的携手，洛克把人们引向的，不再是霍布斯那个以绝对的威权震慑人心的"利维坦"，而是一个经由自由的个人的缔约而产生的共同体。由于这个共同体只是因为自然状态的缺陷在自身内无法克服才成为必要，因此，它的出现便不应对先前自然状态下人所具有的自由、平等和生命财产权有任何贬损，而且，它的出现只能起源于每个个人的契约式"同意"。

尽管"每个个人的同意"在实际运作中不可能完全做到，但是，洛克在论述政治社会的起源时，反复重申一条经典的契约论原则：人类天生都是自由、平等和独立的，若不经本人同意，就不能把任何人置于别人的政治权力宰制之下。同样，任何人放弃自然自由而受制于公民社会的种种限制的唯一途径，就是同他人协议联合组成一个共同体——社会只能起源于每个个人的契约"同意"，而契约的核心内容当然围绕个体自然权利向政治体的自愿转让、集中。

这里，又一次显现出洛克的"个人"的优先和至上的地位。与霍布斯那里吞噬一切个体意志和权利的"利维坦"不同，洛克的个人在向政治体的权利让渡中，仍然保留了无论如何不可让渡的生命、自由和财产权，并认定通过契约组成国家或政府的目的，在于更好地保护每个人的基本权利。因为不能设想任何有理性的动物会抱着每况愈下的目的来改变现状。契约国家若违背了这一当初成立它的目的，也就丧失了它存在的合法性，立法者就使自己与人民处于战争状态，人们有权收回原先的权利，重新建立合适的权力机构。由于洛克的努力，个人不仅被视为国家的前提，而且被视为国家的目的。而原先君权神授的国家，则被降至工具的地位，成为个人权力的守夜人。

> 霍布斯首先提出的权利概念，经由洛克之手获得了其自尊地位。人拥有不可剥夺的自然权利；这种权利属于他个人，不管从时间上还是神圣性上，他都优先于政治社会；政治社会为这些权利而存在，通过保障这些权利而获得正当性。①

至此，洛克完成了个人本位主义的第一次最全面论证：洛克为社会状态下的人保留了不可转让的生命、自由和财产等自然权利。这权利人生而有之，它的神圣性、不正自明可谓"天赋"。同时，这个权利因为个人作为个人而有，不因它在社会状态下作为公民而有所减损，因此，可谓"人权"。"天赋人权"，在洛克这里，就是对个人的不可让渡的最后权利的不证自明的认定，这份认定作为一种价值判断在特定向度上成为西方人在近代追求"幸福"、"功利"的宝贵资源。

第二节　功利幸福成为"应然"追求

由于洛克的努力，坚执不可摇夺的自由权利的"个人"，步入

---

① 布鲁姆：《美国精神的封闭》，译林出版社 2011 年版，第 121 页。

了启蒙思想舞台的中心。按照卡西尔，尽管不可转让的自然权利思想不是 18 世纪法国哲学的发明，但 18 世纪法国哲学破天荒第一次用这一思想创立了一部道德福音。不可转让的人的自由权利，被启蒙思想家推举为可以诉诸整个自然界和一切星球都普遍服从的永恒规律。他们确信，只要揭示出自由的真正面目，就可以唤起实现自由所必需的力量。

然而，在洛克藉"社会契约"对作为价值主体的个人的不可让渡的自由、生命、财产权的全面论说中，他所崇尚的"自由"始终是就一种人与人、人与社会、人与其境遇的"有利"、"有益"关系而言的。"有利"、"有益"是洛克讨论道德乃至宗教问题的中心词。在洛克看来，人们普遍赞同德性，不是因为它的天赋性质，而是因为它有利，"利"、"益"是一切价值取向的真正谜底。

一、功利幸福的可能

在广义上，18 世纪的大部分启蒙学者都是洛克的学生和信徒。边沁坦率承认："没有洛克，我将一无所知。"在洛克把自我保存和对财产的占有称为"权利"的地方，边沁将安全、财产名之为"幸福"，并以此建立了作为其社会政治哲学基础的功利原则，将当事人或主体的最大多数的幸福或快乐看做人类行为的唯一的可欲目标。而在法国启蒙运动中最冷静的思想家伏尔泰那里，欲望被看做人这部机器运转的车轮，善行无非就是能给人带来好处的行为。爱尔维修和霍尔巴赫则把感官欲望的幸福原则推至了它所能达到的极致，成为推动精神界的唯一砝码。以狄德罗为首的法国百科全书派，也以个人的本能、欲望和利益为基点，将人作了全面的功利主义还原。

激进的启蒙主义者不需要天意的观念，他们从人们渴望幸福或愉悦以及渴望减少痛苦的事实出发，唯一的问题是怎样最大限度地增加幸福。功利原则是这样一种原则，无论赞成还是否定任何行为，都是根据它表现出来的增大或减小该利益团体的幸福的倾向来判定的。①

（一）是理性自主观念，使得"功利"追求成为可能。按照查尔斯·泰勒的说法，对自我负责的理性观念的依恋，在启蒙功利诉求中的重要作用非同小可。把人从"天意"、"权威"的束缚中解放出来，是确立和捍卫个人利益的前提。在启蒙思想家看来，一个不能自己思考的人，只能使自己蒙受耻辱。相反，每个人都应该骄傲地意识到，我们天生不是绝对命定地要相信他人的意见。所有那些曾经恐吓我们的东西——成见、传统、神圣、权威等，都将被摧毁，我们完全可以独立思考，自我决断。爱尔维修断言，没有人生来就好，也没有人生来就坏。人们成为这种或那种人，全都看是共同的利益把他们团结起来，还是对立的利益使他们分裂。这就是说，人的命运，并不在彼岸世界，上帝、不朽、神意只是人加在自己身上的枷锁。事实上，所有的人都有平等的权利来了解自己的全部利益，来认识全部的真理。

---

① 泰勒：《自我的根源》，译林出版社 2001 年版，第 490 页。

"人有着各种需求，并有着可以满足他们的那些才能。因此，人就应该以一种完整的自由来运用自己的才能，支配自己的财富，满足自己的需求。每个社会的普遍利益，不是要限制这些活动，而是要防止这种限制。精心保障每个人所得之于自然的权利，是社会力量的唯一责任，并且是公意所能合法地对个人行使的唯一权利。"① 洛克在其《人类理解论》中，同样声称，自然权利源自我们靠理性所理解的道德法则，虽然我们的道德观念来自感官经验，但是这些观念之间的相互关系，却使"道德可以像数学那样被证明"，仅仅通过研究道德命题中的词汇和这些词汇所表达的观念，就可以把道德命题当做一定的真理来理解。

（二）是"科学"理性，积极促成了功利原则的实现。18世纪首要的也是最根本的信条来自洛克的"一切观念都来自感官"，其他所有信条都由此推致而出。在洛克看来，"观念"不由天赋，它归根到底导源于经验。"人们单凭运用他的自然能力，不必借助于任何天赋的印象，就能够获得他们所拥有的全部知识。"②

如果说，在笛卡尔那里，从自明的或被认为是正确的先天前提出发，并经过严格演绎得出的结论才可信。那么，洛克则求助于对自然的观察，追溯心灵的当下信念与状态的心理来源。一方面，洛克认为，可感的外部对象（自然）是人的观念的主要来源。而自然指示给人类的就是，生命的每一刻都朝向幸福。为了幸福而工作，无所畏惧地去享受快乐。

---

① 孔多塞：《人类精神进步史表纲要》，三联书店1998年版，第133—134页。
② 伯林：《启蒙的时代》，译林出版社2005年版，第27页。

另一方面，洛克相信，只要借助经验观察和常识判断，人完全可以得到正确的知识。"无须和神学家一块飞入云端，也不需要和形而上学家一起潜入黑暗，经验就是人的心灵趋向认知对象的途径。"① 所有的观念都是我们的理解力作用于我们所接受的各种感觉之上的结果。或者，更确切地说，它们都是记忆在同一个时间向我们所呈现的各种感觉的组合。

借助经验观察，洛克把人看做自然中的客体，与其他自然的客体没有本质的区别，完全可以通过心理学的自然科学的发生学方法予以描述和说明。在这里，人可以凭借对观念的严谨的、精确的分析，连续地把他们还原为各种更直接的观念，或者是在他们的构成上把他们分解为各种更简单的观念。这种分解、还原的最后结果就是：人同宇宙中的其他事物一样，是一种完全的物质存在，而自我保护则是所有能量、力量及人的技能不断趋向的共同目标。

在霍尔巴赫看来，牛顿所谓的惯性，在道德学家那里，就是被称为人的自我爱怜的东西，它们无非都是保护自身的倾向。对幸福的渴望，对幸福和愉悦的热爱，和科学家称为向心力的东西如出一辙，这种引力是人与一切存在物的必然倾向，只要没有什么东西扰乱他们的内在秩序或最初倾向，它们会通过各种各样的方式，倾向于坚持他们曾经拥有的存在方式。在拉美利特那里，人和动物都被看做是自然用同样的面粉团捏做而成的，并被塞进了同样的目的"追求快乐"。

"功利主义包含着一种特殊的理智立场。它加进了对宗教和早

---

① 伯林：《启蒙的时代》，译林出版社 2005 年版，第 22 页。

期哲学观点的控诉，加进了它关于操作理想的合理性建议，加进了关于普遍幸福的基本假定，而且关键的问题首先是减轻痛苦。"①查尔斯·泰勒认为，不仅启蒙的功利追求是科学理性的推进，而且，由于启蒙的功利诉求肯定了真正的本性需求，把普遍的仁爱从迷信和谬误中解放出来，在这种意义上，他也推动了科学理性。

> 按照这种学说，权利是人人都能体验到的基本情感，它已经被科学从似是而非的推理以及对神惩罚的恐惧所强加的种种限制中解放出来。科学能够为之效力的便是这些情感。如果这些天生的情感就是人类得到允诺——可以去满足的对象，科学与社会的伙伴关系也就形成了。文明社会把能满足人们的生命、自由、对财富的追求作为唯一的目标，人们也会因为世俗权力反映他们的需求而同意服从它。②

最终，"科学理性"通过向我们揭示事物在各个层面上的相似性，既为我们提供了一种对人类生活的普遍解读，也提供了一种对待人的本性需求的完全正确的方式。

（三）对幸福的追求与成全是功利原则的根本诉求。如前所述，几乎所有的启蒙思想家都在人的理性自主中，同时发现了人的自由。然而，自由对那个时代的绝大部分思想家而言，本身并非作为最高目的而具有任何价值，而是仅仅被处理为一种手段。在洛克

---

① 泰勒：《自我的根源》，译林出版社 2001 年版，第 509 页。
② 布鲁姆：《美国精神的封闭》，译林出版社 2011 年版，第 241 页。

看来，自由是以权利的存在来定义的，它的目的在于保护人们的种种权利。边沁同样认为，自由必须由其他的价值来为之作证。其《政府片论》和《道德与立法原理序论》所着重强调的，不是孤立的自由问题，而是自由在与幸福的关系中所能扮演的角色，即自由作为导向幸福的手段。"18世纪早期，一种被改变了的自由学说认为，每个人仅仅因为是人，就拥有对一定的自由的自然权利。与此相关，一种新的生活方式出现了，而在这种创新的方式中，自由和财产是一对孪生子。"①

在此之前，人一直被看做是一种有着双重性的动物，一部分关心共同利益，另一部分关系私人利益。人们认为，为了实现社会的有效运转，人必须战胜自己自私的部分，压制他的私欲，从而成为品德高尚之人。而到了洛克这里，传统的观点被看做不仅违背人的天性，而且无效，人根本不会自然地趋向公益。他们尝试把天赋的自由置于严于律己的美德之上，让私利服务于公益。在洛克们看来，私利与公利是对立的，但是开明的私利则不同。按照布鲁姆，这是认识启蒙意义的关键：它意味着能够对人的理性加以培养，使人看到自己的脆弱，预见到未来的匮乏，而这种对未来及其危险性的理性警觉足以使欲望发生作用。

在过去，人成为社会的一员，是因为他受着神明的主宰，依附于构成家庭的血缘关系，他们的忠诚是盲目的和压抑本性的。现在，清醒的理性清除了石板上的字迹，以便刻上冷静订

---

① 麦金太尔：《伦理学简史》，商务印书馆2004年版，第208—209页。

立的契约……所有的事务都被归结为精心计算的工作。①

通过把人类所有的精神生活都解释为由求乐免苦的要求所驱动，启蒙开创了近代以来所有道德和政治哲学中应用最广也是最具感召力的理论之一——功利原则。"功利主义通过向所有不同的秩序概念宣战，通过赋予感官快乐和痛苦以重要意义，第一次使把减轻人类社会的痛苦置于社会议事日程的中心成为可能。这在现代社会产生了真正革命性的影响，不仅改变了我们的法律体系，而且使得我们的实践和利害关系的整个领域都发生了变革。"②

二、启蒙的功利原则及其问题

按照麦金太尔的观点，启蒙之后，原先的道德规则被剥夺了古老的目的论特性，由此，产生了一种必须证明道德规则正确性的压力。功利主义之所以能够成为现代社会的重要理论，则直接源于启蒙试图"发明一种新的目的论"的谋划。以边沁为代表的启蒙思想家，正是通过"赋予道德规则一种新地位"、"赋予关键道德概念以新意义"的努力，引发了以"功利原则"为轴心的社会的和理智上的转化。

在边沁看来，传统道德中充满了迷信，我们只有理解到人们行为的唯一动机就是趋乐避苦，才能确立起摆脱偏见迷信的道德原则，而对最大幸福和没有痛苦的期望为这种原则提供了目的。

---

① 布鲁姆：《美国精神的封闭》，译林出版社 2011 年版，第 122 页。
② 施特劳斯：《自然权利与历史》，三联书店 2003 年版，第 253 页。

自然把人置于两个至上的主人——"苦"与"乐"的统治之下，只有他们两个才能指出我们应该做些什么，以及决定我们将要怎样做。凡是我们的所行所言和所思，都受他们支配，凡是我们所做的一切设法摆脱他们统治的努力，都足以证明和证实他们的权威而已。①

边沁的这一伦理命题表明，在任何既定条件下，当我们必须在两种行为之间进行选择的时候，永远应该选择可以导致最大可能数量的幸福和最小可能痛苦的行为，而这种由我的趋乐避苦心理所支配的对幸福的追求与对最大多数人的最大幸福的追求实际上是完全一致的。

启蒙的功利原则主要包括：第一，人生的目的就是追求幸福和快乐，趋乐避苦是人性的基本规律，对幸福的追求是所有人类行为举止的最基本原则；第二，个人的幸福快乐不仅是人生的目的，而且是衡量善恶的尺度；第三，这一原则适用于个人，也适用于整体。就个人而言，他应增加自己最大数量的幸福和快乐，如果涉及整体，则社会的最大多数的幸福和快乐就是标准；第四，对幸福快乐的追求没有止境。

按照查尔斯·泰勒的评述，启蒙对功利的激进追求，构造了一幅关于人类意志问题的一维图景：一切都归结为个人的欲求，善的生活是每个个体以他或她自己的方式追求的东西。这种消除一切差

---

① 转引黄伟合：《英国近代自由主义研究》，北京大学出版社 2005 年版，第29 页。

别的中立化立场，在取消了关于意义问题的争论的同时，以一种最大功效的观点把人的本性客观化、普遍化，结果，幸福的欲求成为一件与知识、训练相关的事情，"中性化"的"客观知识"成为指向幸福的最有效努力。

在笛卡尔以来的近代西方哲学中，人们承认的唯一自我就是作为认知主体的自我，而认知自我孜孜以求的正是不可反驳的"客观知识"，即阿伦特所说的，一种"通过逻辑规律或经验证据，不得不承认的东西"。这些知识通常都可以通过经验来回答，或者可以通过逻辑形式的推理。它们一般具有这样一些特征：第一，客观知识具有客观性，它可以脱离形成这一知识的个人独立存在；第二，客观知识是公开公共的，它可以为一切人都接近并获得，并且有一个获得它的普遍认可的程序；第三，客观知识是非个人的，它独立于一个人的意愿希望和欲望。第四，客观知识具有必然性，它是我们的感官和我们的大脑被迫承认的东西，也就是说，任何一个正常人都不得不接受它，而不可以自由地加以拒绝；第五，客观知识本质上是累积和进步性的。①

严格的分解式观点，以及对人类心理所持的中立主张，使得启蒙功利主义将日常人类的感官的幸福看做是唯一有意义的善，是应当全心全意、坚持不懈追求的生命和思想的目标。在这里，"中性化"的客观知识意味着通过真正的工具理性的运用，可以更有效更有洞察力地追求这个目标。但是，也正是这种"中性化"删除

---

① 参见 Hannah Arendt：*The life of the mind*，*One | Thinking*，edited by Mary McCarthy，San Diego New York，London：Harcourt Brace&Company，1977，pp.57~58。

了启蒙功利主义道德动机得以阐述和认可的可能。

> 这使功利主义成为一种非常奇特的理智立场。它加进了对宗教和早期哲学观点的控诉，加进了关于操作理想的合理性意义，加进了关于普遍幸福的基本假定，而且关键的问题首先是减轻痛苦……一方面，明显的，他们的著作感染着你。另一方面，在它的原则的实际内容中，作为一种正式的界定，上述任何一点都不能被诉说，而且大多毫无意义。①

启蒙的功利原则矛盾重重。首先，启蒙功利原则确立的道德标准含糊不清。功利主义把道德原则确立于趋乐避苦的心理学基础，但是这并不能告诉我们在众多的幸福和快乐之间，哪一种是我们应当选择的，而许多不同性质的快乐和幸福都是不可同日而语的。事实上，密尔已经发现了边沁幸福概念的潜在问题，试图以对于"较高的"和"较低的"快乐的区分，以及把人的幸福的增加与人的创造力的扩大联系起来，从而对幸福概念进行补充和修订。但无论边沁及其追随者怎么改造自己的观点，都不可避免要面临这样的质疑：应该用哪种快乐、什么幸福来指导我们的选择行为？

> 有那么多可令人享受的行为，那么多不同方式都可达到的幸福。并且，幸福或快乐并不是仅仅以这些行为和方式为手段来造成的某种精神状态……"喝饮料的快乐"不是"在海滨

---

① 泰勒：《自我的根源》，译林出版社 2001 年版，第 508—509 页。

游泳的快乐"……修道生活所特有的幸福不同于军旅生活所独有的幸福。不同的快乐和幸福在很大程度上是不可通约的，不存在任何可用来衡量他们质量和数量的尺度……①

一旦承认并理解了快乐与幸福的"多态型"特征，那么，这两个概念对于达成功利主义目的的可能就被大大削弱了。即便如狄德罗一般，将之诉诸能够开明地从长远观点出发，来追求并衡量自身欲望，它同样要面对疑问：如果当下的景况足以诱人，我们为什么还要关心长远？人的幸福这一观念并非单一的、统一的概念，同样，对于哪种欲望可以被承认，哪种欲望应予被制止，这样的问题很显然不可能把欲望本身当做标准来回答。因此，那些能够使我们对不同欲望要求作出抉择和安排的规则本身，不可能从欲望中引出。诉诸欲望和激情的基础，对于为我们的关键选择提供道德规则这一"重任"，它们并不能"胜任"。

其次，启蒙的功利原则引发了当代道德的无序状态。功利主义既强调个人的幸福和快乐，同时又强调大多数人的最大幸福，但是，责成人们追求普遍幸福的戒律既逻辑地独立于、也不可能直接出自任何责成我们追求个人幸福的戒律，这两者之间并不存在必然的联系。事实上，功利主义者西季威克已经发现，功利主义的基本道德信念，无法在形式上统一起来，它们是不可通约的异质物，并且对它们的接受也是无法论证的。对此，麦金太尔批评说，功利主义的功利概念本身就不是清楚明确的，当"功利"成了一个可以

① 麦金太尔：《德性之后》，中国社会科学出版社 1995 年版，第 82 页。

概括全部人类的圆满经验和活动的概念，而人和人之间欲求的对象差异又如此之大，这样的后果就是，为个人和所有人总结概括这种对象的概念就不可能有清楚含义。在功利主义的范围内，对于某些道德原则，某些道德陈述的真理性是无法给出任何理由的，这一事实直接导致了 20 世纪道德理论向情感主义的发展，并引发了当代道德危机的日益深重。

按照麦金太尔的观点，启蒙以来人类社会的道德衰败，经历了相互联系的阶段。第一阶段，是以亚里士多德主义为中心的道德传统占支配地位的时期，这一时期，道德理论与实践所体现的是真正客观的、非个人的标准。第二阶段是麦金太尔所谓的"大灾变"时期——启蒙功利思想家试图把道德原则诉诸欲望满足的幸福基础。第三阶段是情感主义的滥觞时期，普遍性道德变得不可诠释，善成为不可定义的。

> 人们继承了从不同背景条件下产生的互不相容的道德观念和道德标准，这些道德标准和道德观念作为过去的残存物存活在我们的生活中，这些残存物由于脱离了原本发挥他们作用的历史背景条件，因而已经面目全非，而它们都加入到当代的道德论争中来，因而承继了这些残存物的当代道德生活，就是一个有着许多不相容道德观点的大杂烩。这种无休无止、无法找到重点的互不相容无从对话的道德争论，只能证明当代道德处在严重的无序之中。①

---

① 麦金太尔：《德性之后》，中国社会科学出版社 1995 年版，第 11 页。

对此，麦金太尔不无担忧地讽刺说，启蒙思想家自以为他们在为人们启蒙，把中世纪的过去称为"黑暗时代"，但由于他们对自己的处境不自知，实际上自己正处在"黑暗"之中，这种"黑暗"就是当代道德的严重无序。

最后，启蒙的功利原则立足的是一个坚实但低级的基础。目标的单一化使得启蒙的功利原则十分贫乏。在幸福功利面前，人们只顾他们个人的生活，最终可能为了寻求一种"藐小和粗鄙的快乐"，失去了更广阔的视野。同样，当人的欲望越容易满足，越会不断滋生出新的无限的欲望。按照查尔斯·泰勒的说法，当个人的幸福快乐成为生活的中心，人们也就不再感觉到有某种值得以死相趋的东西，它们的生命中将不再有任何抱负，只有可怜的舒适。当个体总是想着要伸张自己，去追求更多的东西，其结果可能是，自己都不知道真正要的是什么，也不会满足于已经得到的东西，最终陷入一种无规定的抽象状态。

布鲁姆为我们描画了作为洛克信徒的现代人——"美国人"的生活状况：他们承认工作是必不可少的（不向往子虚乌有的伊甸园），因为它能带来富裕；他们适度顺从自己的天性，不是因为拥有节制的美德，而是因为他们的欲望是均衡的，并且他们承认这种均衡的欲望是合理的；他们尊重别人的权利，这样他们自己的权利也会得到尊重；他们遵守法律，因为他们是根据自己的利益制定了这种法律。

对于施特劳斯"现代建立在低级但坚实的基础之上"的诊断，布鲁姆深表赞许，对人类的大多数来说，启蒙的功利原则也许是拯救的诺言和福音。但从"英雄"的角度看，这一切确实不那么令人兴奋。

确实，工具理性的泛滥，最大的效益，最佳的支出收获比率，成为幸福生活的唯一度量尺度，很多应该由其他标准来确定的事情，现在都被按照效益或"代价——利益"的分析来决定。那些规定我们生活的独立目的，也被产出最大化的要求所遮蔽。启蒙的功利主义"因为它对人们追求幸福过程中工具效能之外的其他任何善，都拒绝给予规定，这种描绘能够导致社会生活方式上的骇人听闻、毁坏并压制所有不符合它那短浅目光的一切事物。"①

然而，尽管让人忧心忡忡，启蒙的功利主义仍然向我们许诺了一个美好的未来。启蒙思想家第一次使得我们的身体成为享用性的在世者，是唯一值得赞美的在者，而不是在世的负担。身体的优先性是生活观念史上的重大转折。② 启蒙的功利原则告诉我们，在生活的这个世界，人们有权利为自己选择各自的生活方式，有权利以良知决定各自接受哪些信仰，有权利以他们先辈不可能驾驭的一整套方式确定他们生活的形态。原则上，人们不再受那些超越他们之上的所谓神圣秩序的摆布和侵害。③

作为近代以来占据西方文明传统主导地位的理论之一，启蒙开创的功利原则，因其所谓的"短视"、"肤浅"、"市侩"曾遭引无数批评，但是，同样不可否认的事实是，在面临诸多价值评价以及价值选择时，功利主义迄今仍然是人们不能舍弃、广为采纳的一种

---

① 泰勒：《自我的根源》，译林出版社 2001 年版，第 251 页。

② 参见刘小枫：《现代性社会理论绪论》，三联书店 1998 年版，第 330—335 页。

③ 泰勒：《现代性的隐忧》，中央编译出版社 2001 年版，第 2 页。

标准。启蒙功利原则理论本身的独特魅力可见一斑。

一方面，功利原则以其直白简易、简单便利的判定标准，来应付道德生活的复杂性，在多种规则相互冲突的道德困境中，它明确干脆、毫不含糊地告诉我们何种行为正当，其吸引力自然不可轻看。

另一方面，由于功利原则只对结果敏感，在一定程度上，可以规避规范性理论所面临的难题。启蒙的功利原则相信，只要依据经验调查，对各种可能的结果进行计算、比较，人们总能在无数可能的结果中选出最能增大总体功利的那一个。而且，出于对结果的关注，功利原则通常在达成目标的手段和方法上，允诺更大的可以利用和改变的空间。这就是说，启蒙的功利原则关心的是如何能最大限度地增进整体的福祉，而不是以何种方式去实现它。

另外，"最大多数人的最大幸福"，这一启蒙功利主义的经典公式表明，功利主义致力于与最大多数站在一起，而非仅仅局限于一己之私利。在此意义上，启蒙功利原则的进步性、务实性可谓难能可贵。施特劳斯对启蒙以来自然权利理论的革命性力量深有感触：

> 一种以人的义务来界定的社会秩序的实现，常常是不确定，甚至是不太可能的，这样一种秩序或许只是乌托邦。而以人的权利来界定社会秩序，其情形则大为不同，因为此类权利表达了，而且旨在表达实际上每个人都欲求着的东西，他们在人人所见并且很容易就能看到的自我利益中找到了希望。①

---

① 施特劳斯：《自然权利与历史》，三联书店 2003 年版，第 186—187 页。

要使现代权利理论发挥实效，需要的不是道德感化，而是启蒙与宣传。启蒙的功利原则同时包含着这样一种价值主张：不仅启蒙的功利原则促成了现代教育的普遍繁荣，而且，良好的教育将最终达到人的幸福。启蒙的功利原则同时为我们展现了一幅"幸福教育"重建人性的激动人心的前景。

第三节　成全幸福的"绅士"教育

启蒙的主流思想家在人的"自然权利"中找到了解开"人性之谜"的钥匙。"追求幸福的人"，一时间既是人们告别旧时代的巨大摧毁性力量，更是开创未来新生活的动力源泉。对人的"幸福"的成全，从此成为一项了不起的事业，吸引所有的启蒙思想家都郑重以赴。

一、爱尔维修：教育以"幸福"为"皈依"

造就"幸福的人"，要求着教育，也成全着教育，近代以来的整个西方教育传统都杂呈着以启蒙功利原则为底色的种种设计。爱尔维修、边沁、霍尔巴赫都在各自诉诸"快乐"、"自爱"等的功利原则中，找到了教育的目标和理想。

赋予教育在造就人的幸福中的无比威力，首推爱尔维修。"我把人身上的精神、美德和天才都看做是教育的产物"，爱尔维修认为，人自己手里就掌握着强大和幸福的工具，要使自己幸福和强大，问题只在于改善教育。在爱尔维修看来，教育万能，教育造就一切。而教育之所以"万能"，就是因为教育可以把人们放在他们渴望获得的才能和美德的地位上。

爱尔维修承袭了古希腊哲学家伊壁鸠鲁的伦理思想，认为人生的最终目的就是追求和得到快乐：

> 肉体的痛苦与快乐是人的一切行动未被认识的原则。自爱这种情感，即肉体感受性的直接基础，为一切人所共有，是同人分不开的。人唯一关怀的是他自己，只寻求他自己的幸福。如果他尊重公德，那只是因为他需要如此。没有为爱美德而有利的动机，就没有美德。①

正是基于这种感官欲望的幸福原则，爱尔维修在其《论人的理智能力与教育》开篇就为教育设置了明确的幸福取向：哲学家研究人，对象是人的幸福。这种幸福既取决于人们生活的法律，也取决于人们所接受的教育。这种教育的简单明白的原则，在对"自爱"、"利益"、"德性"的追求中，全部以"幸福"为皈依。

自爱　与同时代的大多数思想家一样，爱尔维修相信，道德的根基不在神圣的彼岸世界，道德合理性的永恒基础唯有在人的本性中寻找。而自爱——选择快乐，逃避痛苦——是人的一切思想、情感和道德生活的起点与动力。在爱尔维修看来，自爱情感是身体感受性的直接后果，它为人人所共有，与人不可分离。人从出生之日

---

① 葛力：《十八世纪法国哲学》，社会科学文献出版社 1991 年版，第 585 页。

起，心灵中就自然地带有这种追求快乐的情感。"对个人来说，它就是我的快乐和忧虑，我的恐惧和愤怒、我的才能和智慧的原因，在任何时候，它都能在我心中激起希望，促使我规避痛苦而寻求快乐。"[①] 因为它的永久性、不可改变、不可变换性，可以教导人去做什么，怎样去做，我们可以将之看做一切欲望、一切情感的基础和依据，作为个人道德行为判断和选择的自然准则。爱尔维修将实践生活的道德大厦直接建立在追求幸福的个人自爱的情感基础。

利益　在论证各个道德主体的感受性作为道德的基础时，爱尔维修进一步将个人的道德追求与个人利益的最大实现紧密关联起来。在反对传统道德观的等级化和神圣化的同时，爱尔维修竭力主张，追求个人的实际幸福和利益是源于人的自爱本性的实践生活的伦理准则，它本身没有什么不道德之处。爱尔维修认为，所谓的利益，就是实践生活中个人的肉体感官性欲望和精神的感受性欲求，它的实现带来的是经验性快乐。在实践生活领域，利益起着支配人们的一切道德行为的作用，人们从不违背自己的利益而行动，它是社会判断各种行为善恶的根据，整个道德世界服从的就是利益的原则。

当爱尔维修将个人利益看作人类行为价值的唯一而普遍的标准，事实上已经将德性存在的合理性归于能有效地获得个人感受性所需要的各种利益。在爱尔维修看来，实际生活中，凡是称为美德的东西，都是以爱己、利己为基础的，美德不过是追求个人实际幸福的欲望，也就是对个人利益的最大化追求。如果没有爱美德的利

---

① 转引自金生鈜：《德性与教化》，湖南大学出版社 2003 年版，第 155 页。

益，就绝没有美德。在这里，我们可以看到启蒙思想所带来的道德价值的重要位移，德性从实践生活的内在品质，已转身成获取个人利益的正当方式。

公共利益 强调个人利益的爱尔维修，同时看到了个人利益与公共利益之间存在冲突的可能，并进而意识到了社会共同体利益的重要。在处理个人利益和公共利益的冲突中，爱尔维修尽管承认个人利益追求的正当性，但是公共利益作为最高的法律和道德准则，是一切公民的个人利益必须维护的。爱尔维修将利益分为三类，即个人利益、小集团利益和公共利益。在肯定个人利益的追求时，他明确反对贪婪地追求个人利益和为了无限制的欲望的满足，而损害公共生活的自私行为。对于小集团利益，爱尔维修将之看做是破坏公共利益的真正祸首，他指责小集团利益常常借公共利益之名，实际上伪善不义，维护的是自己小集团的欲望和利益。

尽管公共利益被看做是道德的最高准绳，但爱尔维修所谓的公共利益不过是个人利益的总和，"公共幸福是所有个人幸福组成的"。在爱尔维修这里，公共利益实际上就是以个人利益为基础的社会共同福利，它根本上是为了个人利益的获得。换言之，公共利益的扩大意味着个人利益的促进，所以维护公共利益也是为了个人利益。爱尔维修对公共利益的强调，其根本的缘由仍然在于对公民个人福祉的保障。由此，爱尔维修将由个人利益出发的道德与公共生活的存在，以及人们利益的彼此尊重结合在一起，在个人利益与公共利益一致的诉求中，德行成为每个人自爱的必然结果。在功利原则的视镜之中，道德就是平等、公正地进行利益交换的手段。

教化 既然个人利益的实现需要与社会中存在着的公共利益和

他人利益相协调，这就意味着个人要能以自己的能力判断什么是合理追求个人利益的方式。在爱尔维修看来，教化是人的理性获得发展的方式，它是人们获得社会知识的途径，经由教化，个人就有能力正确理解并正当地追求个人利益，理解并维护公共利益，同时尊重他人的合理利益。正因为如此，爱尔维修将教育看做公民个人幸福、公共利益发展的重要前提，他把教育看做是改变人塑造人的强大力量，是推动社会进步的重要因素。教育成为造就道德社会和成就道德人的根本方式。

追求个人利益是人的"本性"与"自然权利"，教化的功用就在于促使个人正确地理解利益，它能够帮助人们开放地、正确地理解各种利益，理解他人对利益的认识，从而使得人们表现出选择合理利益的美德。爱尔维修认为，专制、愚昧和迷信模糊真理与事实，使得人们不能够正确地理解各种利益和正当地实现利益，是道德教化的最大敌人。教育能够消除人们对现实的种种"误解"，使人从蒙昧、迷信中解放出来，正确理解各种利益，在获得美德的同时，实现对社会的改造。无知产生愚昧，愚昧产生无德。为了消灭不道德的萌芽，只要消灭无知就够了。而消灭无知只有依赖教育。在这里，爱尔维修对于教育可以促进个人与社会理性建构作用的强调，表现出一种强烈的"教育万能"的决定论思想。

深受爱尔维修"教育万能"思想的影响，边沁指认教育是谋求"最大多数人的最大幸福"的重要通途。不同于爱尔维修把教育看做对肉体感受性的直接成全，边沁认为，教育的功用在于，它是帮助人们获得实用知识的最有效、最便捷的途径。实用的知识有助于人们掌握适合自己的谋生手段，而一个拥有谋生手段和能力的人不仅是充实的,更主要的是人们可以在因为有技能而带来的财富中获得快乐。为此,边沁系统地建构了其以实用学科为主(内容)、面向全体(对象)、不间断行动(方法)以及圆形建筑原则(场所)的具体功利主义的教育方案。

同样遵循趋利避害的幸福原则,在霍尔巴赫那里,教育就是"模仿"。而霍尔巴赫教给我们模仿的,是那些我们认为幸福的人。正是通过对那些"幸福的人"的模仿,我们可以试着找到快乐和幸福。

二、洛克教育中的"绅士"形象

所有奠基于启蒙功利原则的教育计划,在一定意义上,都可以在洛克的"绅士"教育中找到最初的原型。被洛克在"自然状态"中发现的"人",又在其教育理论里以"绅士"的形象被观念地再造了出来。它既为后来者启示了现代教育关于幸福功利措思的大致走向,也赢得了属于那个特定时代的最广泛、最亲切的认同。

按照教育史的谱系,洛克可谓是把教育作为近代问题提出的第一人。在其关于教育的代表作《教育漫话》中,洛克大致循着"培养什么样的绅士?"、"如何培养绅士?"两重路向为我们呈现了其"绅士"教育的真实运思。按照洛克本人的说法,在《教育漫话》一书中,他只是针对教育的主要目的和各种目标,发表了一些意见。而所谈的东西,基本上都是关于绅士的教养所必需的一般事项。不过,洛克所谓的"绅士",并非我们一般理解的贵族公子,相反,"洛克式"的绅士带给我们的,是教育在其近代入口处平易、亲切而又务实的形象。

（一）洛克期待什么样的"绅士"？

作为一个经验论者，洛克认为，所有知识归根结底源于经验。人的心灵如同一张"白板"，一切知识和观念都是感觉经验的结果。虽然洛克没有像培根那样，着意从知识中引发出人对于自然的那种"力量"感。但其关于"知识源于经验"的价值主张，最终归落为对一种"属人"的教育"力量"的积极认可，也可谓异曲同工。

洛克认为，人与人之间之所以千差万别，都是由于教育之故。日常生活中人或好或坏，或有用或无用，不是因为"天赋"、"神意"的安排，十之八九都是由于教育决定的。而且，在洛克看来，人作为"亚当的子孙"，很少有在天性中不偏颇的，而教育就是医治这种偏颇、平衡人的偏倚天性的一剂良方。

德行 按照洛克的构想，"绅士"的第一构成性品格是德行。在洛克看来，德行是一个人或一个绅士所应具备的首要的也是最必不可少的一种禀赋。"一个人如果缺少德行，就绝不可能得到别人的尊重和喜爱，甚至不可能被自己所接受或容忍。一个没有德行的人，无论今生还是来世，都是得不到幸福的。"[①] 很显然，如果我们因为洛克对功利价值的眷注，以为德行完全排除在他的视野之外，那可是对洛克的极大误解，事实上，洛克从来不曾忽视人们对德行普遍赞同这一事实。在洛克这里，正是人的德性，使得人在一切场合都能体现出作为一个理性动物的高贵和卓越。

---

① 洛克：《教育漫话》，上海人民出版社 2005 年版，第 152 页。

因此，德行的培养，被洛克确立为教育极有价值的那部分目标，他认为，德行和智慧比学问更重要，德行越高的人，其他一切成就的获得愈容易。洛克对年轻绅士的品德要求包括三个方面：有远虑、富有同情心或仁爱之心，以及有良好的教养或礼仪。洛克主张，导师不仅仅应该教导和谈论德行，而且应该运用教育的工作和技巧，将它固定在心灵里面，并且绝不能停止，直至年轻人对它发生真正的爱，把自己的力量、荣誉和快乐放在德行之中。

知识 洛克毫不讳言，在通常情况下，被大家认为是教育主要任务的"知识"、"学问"，在他看来，却应该放在第二位。洛克说，学问当然要有，但只能作为辅助更重要的品质所用。"读书、写字、学问，我也认为是必需的，但却不应成为首要的任务。"①在洛克看来，对本质良好的人而言，知识毫无疑问大有裨益。然而，对本质不良之人，学问甚至只会促使他变得更坏。洛克对未来"绅士"管教者们谆谆告诫，对稚嫩可塑的儿童，德行和良好的教养远比任何学问和语言都更为重要，应该把主要工作放在塑造学生的心灵，使之具有正确的性格之上。

> 心灵一旦得到了良好的塑造，那么即便在教育中忽视了其他一些东西，这些东西到了一定的时候也会由正确的性格产生出来。但如果心灵没有得到良好的塑造，不能排除不良乃至邪恶的习惯，则语言、科学和教育上的一切成就就都没有意义，

---

① 洛克：《教育漫话》，上海人民出版社2005年版，第170页。

而只能使人变得更坏、更危险。①

因此，洛克认为，教师的任务主要不在于把自己所能知道的东西全部交给学生，而在于培养学生热爱知识和尊重知识，在于当学生愿意学习的时候，教会他正确的求知方法和正确的自我改进方法。

健康　尽管心智的引导是洛克教育的主要部分，教育关心的主要东西在于人的内心，但是，洛克同时强调，"外在的躯壳也是不可忽略的"，在其"漫话"教育的开篇，洛克给予人生幸福一个简短而又充分的描述就是："健康的心智寓于健康的身体"，在洛克看来，人由心智和身体两部分构成，心智拥有主动的力，身体本质上是受心智命令的被动的工具，所以，身体只有强壮而有活力才能更好地执行心智的命令。身体或心智如果有一方面不健全，那么即便得到再多种种别的东西，也是枉然。"我们要有自己的事业，要得到幸福，必须先有健康的身体；要功成名就，要出人头地，更必须先有忍耐辛劳的强壮体魄。"② 对于洛克来说，健康对于事业和幸福有多大必要，强健的体格对于忍耐劳苦和疲乏，在世上有所作为，是如何地不可或缺，这是再明显不过的事情，以至于无须任何证明。

洛克分析说，身体由于没有主动性，它可能会过多依赖外界的环境。所以要培养健康品质，关键就在于让孩子不断运动自己的身

---

① 洛克：《教育漫话》，上海人民出版社 2005 年版，第 207 页。
② 同上书，第 2 页。

体，使之习惯于各种环境，养成各种有利于健康的好习惯。洛克健康教育的核心，就是要保持身体高度的适应能力，在各种环境下都能保持健康，避免形成某些不良的依赖性。

技能 要造就一名真正的"绅士"，洛克认为，除了必需的知识"武装"，一定的文体"技能"学习是必不可少的，而且，必须有足够的时间、合适的教师来保障这些技能的练习。在洛克看来，舞蹈有助于形成优雅的举止，音乐可以放松我们脆弱的心灵……，"教育的一大诀窍，便在于身与心的训练交替进行，使他们彼此成为一种娱乐。"[①] 而为学习这些技能所花费的时间和努力，因为它们可以更好地有益于我们将来要过的生活，也被证明是值得的。

因此，洛克以"功用"作为选择学习科目的主要标准，主张花费时间去学习的应该是那些最有用处，最有结果的事物，而且应该采用可以得到的最容易最便捷的方法去学习。在学科的设置上，洛克主张把现代实用科目与古典科目结合，兼顾装饰与实用。他设计的课程既有以"装饰"为取向的拉丁文、希腊文课程，也有类似商业算学一类的实用性课程。从实际生活的需要出发来选择教育内容、设定教育目标，洛克开启了现代教育回归生活的基本主题。

智慧 作为多种品性综合而成的"智慧"，是洛克希望教给他的"绅士"的一项重要"本领"。在洛克看来，智慧之人，在处理自己的现世事务时，常常表现得更精明能干，更富有远见。因此，他们一般会更容易获得别人的帮助，从而能够畅通无阻地发展自己的事业。然而，智慧的品质需要良好的天性、心智的运用，再加上

---

① 洛克：《教育漫话》，上海人民出版社 2005 年版，第 234 页。

经验，才能综合而成，它对于儿童来说，不可能轻易习得。因此，对于"智慧"的最合适准备，洛克认为，一方面需要远离虚假、狡猾，习惯于真理与诚挚；另一方面，需要时间、经验和观察，通过熟悉人情世故以及了解别人的脾性和计谋，才能够学到。

教养 在洛克看来，虽然美德是真正的精神财富，但是只有借助"良好的教养"，他们才会生出光彩。"教养润饰了人的所有其他美德而使之光彩夺目，使这些美德变得有用，为美德的拥有者赢得了周围人们的尊重和敬意。"[①] 相反，如果缺少教养，勇敢将被视作野蛮，学问变成了迂气，才智变成了滑稽，率直变成了粗俗，善良变成了谄媚。缺少了教养，无论什么美德都会变样。

良好的教养，优雅的举止，是完善的心灵所自然流露出来的行为，它永远招人喜欢，使我们感到高兴。相反，闲散的性情、一种无精打采的漠不关心，对任何事情都缺乏关注，甚至对自己的正事也漠不关心，则是教育必须根除的恶质。洛克认为，任何人若要受人欢迎，他的行为必须优雅。"必须优雅，才能光彩夺目，惹人喜爱。"[②] 而一个绅士如果学到了这种"良好的教养"，日后所得到的好处是巨大的，良好的教养将为他的未来开辟更宽广的道路，使他获得更多的朋友，达到更高的造诣。

因此，洛克强调，小心翼翼和良好教养这类品质，最应该进行教育培养，也最应该得到老师的帮助。"导师的重大任务，在于塑造学生的言行举止，培养学生的心灵……良好的教养、关于人情世

① 洛克：《教育漫话》，上海人民出版社 2005 年版，第 89 页。
② 同上书，第 90 页。

故的知识、德行、勤奋以及对于名誉的爱好等，对于学生来说是永远不会嫌多的。"①

以上种种，就是洛克心目中培养一名"绅士"的教育要务，大致都包括在洛克所谓的"德行"、"智慧"、"礼仪"和"学问"这四件事情里面。接下来的问题是：

（二）如何培养一名合格的"绅士"？

按照洛克本人的说法，确定下一般原则后，应当考虑的就是具体的管教方法。

训练　"温和"的训练，是洛克认为培养"合格"绅士的最有效方法。在洛克看来，粗暴的棍棒惩罚最不宜在教育中采用，这种方法不仅是对人趋乐避苦本性的违背，而且会因此助长逆反、假装服从等许多更危险的毛病。另外，背诵大堆大堆的规则，在洛克看来，也是最常被采用的一个错误方法。"儿童不是可以用规则教得好的"，因为那些规则，并不能很好地被他们理解，而且总是听过就忘。

因此，好脾性的获得，最有效的就是让他们反复去"做"，直到做好为止。这种办法的好处就在于，"一个动作经过多次联系，可以在他身上变成习惯，它便不再靠记忆与回想，就能自然而然地做出来。"洛克认为，反复的训练、和颜悦色的劝导，可以培养起有益的习惯。而"习惯所起的作用是比理性更加持久的，其作用的方式也比理智更加便捷。"② 良好的习惯是未来的能力和幸福的

---

① 洛克：《教育漫话》，上海人民出版社 2005 年版，第 97 页。
② 同上书，第 120 页。

真正基础。在洛克看来，明智的指导与循序渐进的训练，可以使儿童达到超出人们所希望的境地。

嘉奖　既然人类的天性倾向于迷恋现实的快乐，那么适当的奖励总是必需的。洛克认为，对类似"慷慨"、"公正"等美德的培养，一定要让他们在经验中知道，最慷慨的人总是得到的最多，而且能得到别人的敬重和称誉。洛克主张，乐于赠予别人的品质，一定要"用心"培植。一方面，要时刻留心，不让他由于慷慨而受任何损失，它无论做了什么慷慨的好事，每次都应该得到加重的报酬；另一方面，应当用大量的赞誉和荣誉予以鼓励。总之，一定要让他感受到，他对别人的好，对他来说并不是一件吃亏的事情，只会使受到好处的人与旁观的人也对他好。对于智慧和德行的培养，"我觉得没有什么东西能比喜欢表扬和称赞的心理起到更大的作用了。"①

技巧　为让学生乐于学习，乐于受教，洛克认为，技巧在教育活动中非常有用。"教师的重大技巧在于集中并且保持学生的注意力"②，换言之，在洛克这里，所有的教学技巧都要服务于"吸引学生"。为达到这个目的，在洛克看来，第一要想方设法让学生明白和理解所学东西的用处，应该让他们知道，借助这些知识，他便能够去做自己以前不会做的事情，从而获得某种力量和优势，胜过那些不懂这些知识的人。第二，在具体教学过程中，不应从逻辑与抽象观念起步。因为，那些抽象的观念虽然不乏真知灼见，但是一开始就把儿童引入抽象的思考，常常会使他们困扰。学习的时候，

① 洛克：《教育漫话》，上海人民出版社 2005 年版，第 236 页。
② 同上书，第 191 页。

应该保持心情舒畅，进展顺利，并尽可能地感到快乐。所以应当以那些有趣的、可以感知的东西为基础。正是在此意义上，洛克说，教育儿童的主要技巧乃是把儿童应做的事都变得像游戏一样。因为，"好玩"的脾性，是"自然"赋予儿童与其年岁相适应的一种性情。

控制 对于快乐的实现和维持，适当的"控制"具有特殊的重要意义。"一切德行与卓越的原则，就在于能够克制理性所不允许的欲望的满足。"① 在洛克看来，无论自然的需要应当得到什么样的满足，爱好的需要却是绝不可让儿童得到满足的，甚至连提都不能让他们提，他们只要提出这种需要，就应该让他们失去它。换言之，"爱好"必须经受理性的严密监视。凡是不能控制自己的爱好、不知道如何拒绝当下的快乐与痛苦的纠缠、以便听从理性的告诫的人，便缺乏德行和勤勉的真正原则，就有流于一无所能、一事无成的危险。从小奠定节制欲望的良好基础，是成就知足常乐幸福人生的一种捷径。洛克认为，教育儿童控制自己的爱好，使自己的欲望服从于理性。这一点做到了，并通过不断的实践养成了习惯，最困难的那部分教育任务就完成了。至此，一个合格的"绅士"已经呼之欲出。

第四节 幸福教育及其限度

严格意义上，洛克的"绅士"不属于"现代教育"的"学

---

① 洛克：《教育漫话》，上海人民出版社 2005 年版，第 34 页。

生"。毕竟，洛克本人曾明确表态过他对私人教育的偏爱，在洛克看来，私人教育虽有缺点，比起学校教育所带来的弊病还是要好得多。把年轻的绅士留在家里，放在父亲跟前，由良好的教师去教导，是达到培养合格"绅士"的最好最安全办法，亲自教养子女是父亲能够留给子女的最好礼物。然而，洛克的"绅士"教育，"欠缺"的或许也就是那么一点具有现代意味的、公共的"形式"。事实上，由启蒙现代性开启的现代教育的"功利"路向，都可以在洛克这里找到启示。

一、"幸福教育"的经典气质

在洛克的绅士教育中，现代教育"幸福"进路的一般特征和经典气质已经昭然若揭。第一，"幸福教育"是自命不凡的。出于对理性在一切判断中的作用的无比信任，洛克相信，培养人的事业完全可以通过理性的巧妙设计和安排，最终得到圆满实现，因此，"洛克们"对教育完善人性的可能性抱有充分的信念。洛克认为，理性思考获得的结果都是正确并且唯一的。因此，洛克的学生统统都被看做一张白纸或者一块白蜡，"教师的技巧和艺术在于清除他们头脑中的一切杂念，让他们的头脑腾出空间，以便专心致志接受所要学的东西。"①

按照洛克所说，一切观念都是由感觉或反省而来的，善恶等道德观念都在后天经验基础上形成，我们的一切知识都是建立在经验

---

① 洛克：《教育漫话》，上海人民出版社 2005 年版，第 189 页。

上的，而且最后都导源于经验。人的德行根本不是什么天赋之物，而是后天教育和习得的结果。道德的善或恶只是我们的自愿行为对于某些法则的遵守或违反。在洛克看来，主张一个原则或者一种知识是天赋的，就等同于承认它不需要理性和经验的支持。因此，洛克用"白板"的意向——假定人心如白纸，没有任何标志——反对天赋道德观念，主张从经验出发，重建个体获取知识的路径；主张以个体习惯的养成与民主式的教育，重建个体德性，其实质是以理性的自主凸显人的自由。

第二，"幸福教育"是通向自由的。在教育过程中，洛克特别强调对儿童自身"经验"的尊重，他主张导师和孩子间的亲切交谈，强调要多听学生的意见，立足学生的现实需要选择学习内容，重视习惯的逐一养成，避免教育成为一种负担。同时，洛克强调自由以德行为基础，主张教育设计需从克己处入手，各种美德要从小熏陶教化。因为，个人只有具备某种品行、教养，才懂得展现理性，从而才配享自由。

> 洛克明确以绅士教育为目标，以生活的实用为基本价值，以现实生活为基本教育场域，以德行的养成作为教育的主导性目标。其德行的培养不再立足于内在自然的展开，而是置身实际生活中的民主性格的习得，可谓教育现代转向的初步完成。①

---

① 刘铁芳：《古典传统的回归与教养教育的重建》，北京师范大学出版社 2010 年版，第 181 页。

洛克的教育理论消解了古典教育的伦理基础，奠定了现代教育重要的经验论转向，正是在此意义上，罗素将之誉为"革命性的新说"。当"洛克式"的教育空间被赋予更多个体经验的意涵，无疑大大提升了个体置身经验世界的主体性。同样，当个体自由获得肯定，教育场域必定会因此进一步得到丰富与拓展，凸显出现代教育生活取向的核心主题。

第三，"幸福教育"是务实、平易的。同样是遵从理性教导的结果，洛克说：假如请教理性，理性便会告诉我们，时间应该花费在学习那些对自己将来有用的东西上面。洛克认为，既然学生不可能会有时间和精力去学所有的事物，那么大部分精力毫无疑问应当用在那些最需要学习的事物上。学生主要追求的东西，应当是在世上最有用、最常用的事物。所以，在洛克这里，尽管德行、修养被摆在所有品性的首位，但是，它们也只是因为对我们的生活有用，才值得成为教育的内容。

长期以来，洛克的教育因其培养"绅士"——这一看起来具有明显"阶层局限"的目标，备受争议。事实上，通过上述洛克关于理想中的人的描述，我们不难发现，洛克的教育力图培养的人的品质，并不专属"绅士"，不限于任何特殊阶层和身份，而是一种面向所有现代人的普遍教育。身处 17 世纪英国的洛克，其教育的首要目标是要把现代人为寻求光明和幸福而误入的"歧途"中拯救出来。按照洛克所说，人要想保存自己，获得幸福生活，首先需要通过自己的体力和脑力劳动，去制造物质和精神产品，满足自己的需要；同时要能够通过与他人的交易与交流，将物质产品和精神财富广泛传播于社会，促进人类的普遍福利。因此，洛克的教育孜孜以求的是要培养出一批具有"绅士品格"的劳动者，他们自我节制，尊重他人的人格和财产；勤劳坚强，善于创造财富。

第四，"幸福教育"是"奔向"快乐的。在洛克那里，只有那些能给我们未来生活带来快乐和欢愉的东西，才可谓真正有用。优雅举止的意义，主要在于它能让我们博得好评，使那些与我们交往的人感到愉悦。按照洛克的说法，既然人类的天性倾向于趋乐避苦，我们就应该遵照"自然"的安排去尽力成全。教育儿童所学的东西，一定不能作为一种任务强加，给他们带来痛苦，因为痛苦或者丧失快乐是人天生害怕的唯一一件事情。因此，洛克主张，想要儿童专心接受所教的东西，就应该竭力使所教的内容变成令他们快乐的东西："我们教育儿童的主要技巧是把儿童应做的事都变成一种游戏似的……我觉得他们花费时间与劳苦去学习的正经事情应该是那些最有用处、最有结果的事物，而且应该采用可以得到的最简单最便捷的方法去学习。……把身体上与精神上的训练相互变成一种娱乐，说不定是教育上的最大秘诀之一。"①

二、"幸福教育"的限度

洛克的"绅士"教育，确实赋予并激发了现代教育在日后"幸福"道路上无限多的力量和想象空间。然而，透过"幸福"教育"自信"、"温和"、"务实"的面相，我们不难发现，现代教育在当今时代的种种令人不安，在洛克的"绅士"教育中已经初见

---

① 洛克：《教育漫话》，上海人民出版社 2005 年版，第 172 页。

端倪。满怀热情与乐观的现代教育，同时包含着自负虚妄的危险。在一定程度上，"幸福"教育只是启蒙思想家为"人的成全"所开出的一剂简单处方。

首先，不仅教育无法扮演"成全人的幸福"的"万能"形象，而且，教育活动本身也不可能仅仅依靠理性的完美设计，如此这般永远令人满意地被安排好。事实上，面对类似洛克期待的培育完美"绅士"的任务，教育难免会力不从心，更无须说提供使人满意的"一劳永逸"的答案。

在以苏格拉底、柏拉图为代表的古典教育传统中，教育不是万能的，它必须因人而异，教育的本质就是自我内在天性的充分发挥。到了洛克这里，人的原初心灵好比白板，它上面什么都没写，但却什么都能写上。洛克眼中的"人"所具有的如此便利的可接受性，不仅为教育的展开提供了直接的基础，同时也向我们宣告：人的发展完全得益于教育的结果。如果说传统教育的基本品质是审慎和节制，现代教育则通过客观上对于人的主体意识的无限抬升，将个体发展的图景全然置放于社会之中，由此从根底处体现出一种强烈的"塑造"性质。当作为教育基础的人的内在自然被"白板化"，自然蕴含的内在目的被无形中消解了，教育对于个体的后天再造功能被大大渲染，人的生命自然被置换成可以任意书写的自然。

建立在人的主体意识不断攀升之上的现代教育，不再是从自然基础出发的内在引领，而是一种外在的模塑。"现代教育面对的是没有任何潜在目的，却有无限潜能的理想材料。所有人原则上都可以教育，而且任何人都可以被教育成理想的样子。教育具有无限的可能性，具有无限的力量。"① 随着自然人性祛魅的，是人的生命本身成为了客观的关照对象，教育就是针对儿童生命发展进行的一场科学设计与科学塑造。由此，人的发展的奥秘被展开为精巧入微的教育路径，人的发展的全部理想被安置于现代教育的理性设计之中。然而，失去了内在目的的教育，关于它的种种设计必然面临失去边界的危险，最终导致了个体天性在自我发展中的失落。当下教育越来越远离人的自我天性，教育不再是对个体天性的成全，而是每个人朝向一种理想模型的靠近。

其次，当教育为了有效实现对人的幸福的成全，将其所有目标，都归落为单一的个人"利益"和"幸福"的目的性，不仅直接导致了现代生活中关于"共同体"观念的淡漠，而且直接制造了个人生命中"崇高"维度的丧失，以及与此相关的现代教育的日益平面化和平庸化。

现代世俗生活对于利益、幸福的单向度追求，蕴涵着一种关键性的价值后果：人与人之间的分别经由"利益之手"被犁平，美好与丑陋、尊贵与卑下之间的区别以"平等之名"被消解，进而导致个体自我认识的空间被大大压缩与删减，个体精神的发展被自我先行局限起来。我们津津乐道的自由主体，最终可能堕落成为尼采所说的矮化了的精神上的侏儒，个人的生存仅局限于可见的日常生活事务，对世俗生活事务的计算成为个体生命的常态和生活的主要追求。阿伦特曾为我们刻画了一种"爱希曼"式的现代人形象：

---

① 应星编：《教育与现代社会》，三联书店 2009 年版，第 1 页。

他是一个肤浅之人，缺乏独立的责任感，完完全全彻头彻尾服从于社会，他的全部动力只在于在社会层级中获得升级。他可以背诵很多道德准则，甚至可以背诵康德著名的绝对命令。然而，他拥有的只是没有头脑的鲁莽、无可救药的迷茫，或是自鸣得意地背诵一些空洞的真理，而这些背诵，不过是其平庸生活的点缀。①

现时代人的这一显著特征被阿伦特称为"平庸的恶"。在阿伦特看来，正是这种"平庸之恶"直接导致了人性的虚华、伪饰和虚弱。在此意义上，所谓教育，就仅仅成为能够帮助个体牟取幸福生活的资本，或者是人们进入公共生活的高雅谈资，它集中表现为当代教育的"帮闲"本性。不仅如此，当对个体生存的满足成为压倒一切的教育追求，教育的目的越来越多地被还原成单纯的实务，成为塑造人的一门技术，这不仅意味着教育通往更好目的的可能性的消解，而且，人们试图凭借"万能的"教育之功，不断收获"征服感"与"幸福感"的同时，反过来也可能越来越多地为自己的欲望和创造物所奴役。

另外，如果所有人都可以借由教育按照"幸福"的统一标准来塑造，那么，其最终带来的结果可能是，朝向"幸福"的最初陶醉，必然会被一种"受制感"所取代。年幼的绅士之所以被洛克看做一块白蜡，主要在于其可以任由教育"随心所欲"地塑造。

———————————
① 伊丽莎白·扬-布鲁尔：《阿伦特为什么重要》，译林出版社 2009 年版，第2—4 页。

按照洛克的观点，教师的"权威"，必须在孩子懵懂无知的时候建立。因为这样建立起来的权威，可以使他不知道它的起源，不知道情况本来不是这样或本来可以不是这样，于是，它可以像一个自然原则那样发挥作用。因为面对这样的"权威"，我们只剩下服从。启蒙关于人性无限可塑的假设，同时为主体性的"抹杀"提供了空间和"灵感"。

以"幸福"为目标的教育无疑可以扩大个人的自由，特别是个人在社会中的自由能力。但是，当现代教育越来越远离人的生命自然，转而以人的理性设计作为教育的根本路径，其结果只能是，被置于社会生活镜像中的个体，遭遇的是一种"全景化"的教育。

> 所谓教育的全景化，就是事关个体发展的全部内容，都通过理性设计的方式——明晰，从而使得个体发展的每一个环节甚至细节都进入教育的有意设计之中，个体的发展被现代教育以理性化的方式全然地观照，从而消解了个体发展的私密性，这本身意味着个体在教育中自由的匮乏。①

"全景化"教育，借助对于人性的简单化"解密"，其全面"改造人性"的理想之中，透露出的是现代教育片面的理性自负。当儿童的天性自然成为科学的客体化对象，对儿童的自然尊重转换成对儿童发展规律的遵循。与此相对应，由于儿童发展的规律不断

---

① 刘铁芳：《古典传统的回归与教养教育的重建》，北京师范大学出版社 2010 年版，第 205 页。

被科学地揭示，应对的教育技术与策略也相应地不断被开发出来。属于儿童的本真自然在不断客体化、科学化的过程中，成为一个基于儿童心理发展规律、进而满足于追求效率的存在。这其间包含着现代教育的一个深刻悖论：对"儿童性"的看重与尊重，带来的却是对本真"儿童性"的漠视与破坏。

最后，作为"受制"的结果，曾经许诺给我们的"幸福"，同样可以经由理性的"明智"安排被存放在遥远的将来。尽管现代教育曾经以一种反抗的、革新的姿态，拒绝对教育目的的外在强加，反对"将教育强调为遥远的将来做准备的观点，使得教师和学生的工作都变成机械的、奴隶性的工作。"① 但是，当"一个人能够克制自己的欲望，能够不顾自己的爱好而纯粹遵从理性"，被洛克誉为所有价值原则中最伟大的一项，口口声称要考虑孩子的"自愿"的洛克，不忘以其特有的"远见"告诫：一定要教导儿童学会自我控制，教会他们能够在权衡各种选择之后，放得下干得正起劲的事，毫不为难地高高兴兴投入到理智或别人指导去做的事情。在洛克看来，假如借助于这种办法，儿童能够习惯于自我控制，在必要的时候放下原有的想法和事务，心甘情愿或平静地去从事不那么愿意去做的事情，那么，它会在"将来"给孩子带来更多的好处。

幸福就这样被冠冕堂皇地"抵押"了出去，儿童年岁的幸福作为"未来幸福"的"人质"，经由他人"做主"，被合理地安置给我们的未来。"对幸福的追求因此成为一种难以实现的、令人不

---

① 杜威：《民主主义与教育》，人民教育出版社 1990 年版，第 117 页。

安的,甚至痛心的任务。它涉及了抵押未来,承担了大量的责任,并面临为这种责任付出沉重代价的前景。"① 有学者曾经给洛克的"绅士"画过一幅意味深长的"素描":

> 洛克的学生应该是这样的人,"自我保存"为其神经,理智、克制、坚毅等品质为其躯体,优雅的礼仪为其服饰,一手挂着精通事故的"智慧"的手杖,一手提着装满知识的"公文包",迈着趋利避害的双腿,勤勉地奔竞于求"幸福"之作,彬彬有礼而又落落寡合一绅士。②

寄希望于向人自身折返的现代教育,却在朝向欲望"幸福"的奔进中失落了人的本性。没有自然本性的陌生人,是整个现代教育不得不面对的根本困境。现代教育正在越来越多地造就出一批又一批的"陌生人",他们远离自我生命的根本,陌生于自己的天性,陌生于文化,也陌生于传统,建基于生命质朴天性上的独立性被抽空,人的生命气象日益狭窄化、虚弱化。教育失去了从容、健康与活泼的生命姿态,生活成为对于愉悦的毫无愉悦的追求,这就是启蒙功利原则带给现代教育的所有激情与梦想、困惑与彷徨。

---

① 鲍曼:《被围困的社会》,江苏人民出版社 2005 年版,第 139 页。
② 林少敏:《关于生命化教育的人文对话》,福建教育出版社 2004 年版,第 149 页。

第四章

现代教育的"德性"传统

> 《爱弥儿》是一块画布,在其上卢梭试图以一种与人的自
> 然完整保持一致的方式描摹灵魂获得的所有激情与才学。……
> 此书开启了回归个体之自我的热切渴求和对异化的仇视,这两
> 者概括了所有现代思想的特征。人的整全,统一和独一……是
> 《爱弥儿》及在其后出现的几乎所有作品的严肃主题。
>
> ——《巨人与侏儒》

出自对人的"权利"的关切,启蒙主流思想家以人的"幸福"
为重,为近现代西方提供了一套关于个人在社会秩序中地位的全新
观念。然而,当启蒙思潮的主导价值取向最终偏落于同肉体感受性
径直关联的"幸福",也使得人们对功利欲望的"地位"产生了怀
疑与担忧。在这些担忧与疑虑中,有一种与功利欲望相"匹敌"
的概念——"德性"思想——在十七八世纪始终相伴而随,提示
着现代教育对于可资敬重的人类"德性"传统的接续与传承。

第一节 作为自然人性的"良知"

对于绝大多数 17 世纪和 18 世纪的思想家来说，"自然人性"所追求的无非是自己欲望的满足。当时的主流人物虽也谈"美德"，但美德只是谋求幸福的手段。然而，倘若"自然人性"当真可以完全归结为功利欲望，那么，很多问题就会由此引发。

"把欲望作为标准，根本无从回答哪些欲望须被承认，哪些欲望应予禁止或受到约束。"① 按照麦金太尔的说法，在被欲求的众多快乐和幸福之间，"趋乐避苦"的"直觉"很多时候并不能正确告诉我们哪一种是应当选择的。毕竟有许多种不同性质的快乐和幸福，它们常常不可同日而语。而且，如果所有的判断都是个人的偏爱和好恶，一种可以想见的"相互破坏"的危险很可能接踵而至。启蒙主流的"世俗化"使得作为"自然人性"的功利欲望的地位发生了动摇。"功利主义的种种表现，同时向我们表明，它并非是通向启蒙的唯一道路，很明显，还有另外一条，它涉及使我们的道德视界有意义的那部分。"②

一、"自律"自我：德性的现代基础

按照查尔斯·泰勒，"德性"传统是"古典的"，而绝非"现

---

① 麦金太尔：《德性之后》，中国社会科学出版社 1997 年版，第 6 页。

② 泰勒：《自我的根源》，译林出版社 2001 年版，第 522 页。

代的"发明。在一定意义上，人的"德性"意识的真正自觉——即把人生的"高尚"价值作为独立的，乃至比"幸福"更高的价值，肇端于苏格拉底。

苏格拉底一生都致力于研究品质的卓越（德性）。在苏格拉底看来，向着真正的存在寻找最高的善，是把握这个世界原委的最好方式。这种方式，不是一味地"往外"探求，而是求援于心灵的世界。在苏格拉底那里，"人的心灵的最大程度的改善"始终被视为他和他的学说的本分。苏格拉底劝勉人们留心美德，人的命运并不在人之外，而只在于能否通过德性的修养自己措置自己，自己成全自己。德性是一种目的而不是一种成就，它不出于钱财，相反，钱财以及其他一切涉及公与私的利益都出于德行。向善的"德性"是一切的重心所在，苏格拉底以其无与伦比的原创性洞见，为其后的所有哲学，指示了一个稳固而且具有辐射力的重心。

正是在此命意上，马克思对伊壁鸠鲁原子偏斜概念作出了别具慧眼的断言："他（伊壁鸠鲁）的解释方法的目的在于求自我意识的宁静，而不在于自然知识本身。"① 作为"后苏格拉底"时代的伊壁鸠鲁，其"原子偏斜"理论，不仅仅是为了更好地解释宇宙。伊壁鸠鲁近乎寓言式的原子偏斜论，透露出的真实命意在于：脱离直线而偏斜正是"原子"独立性和坚实性的体现。原子们并非只有命定的"直线下落"，它们仍可从"命运"中挣脱出"自由"的"偏斜"。自由的意志，在命定的"必然性"之外，它无须"外求"，在返归"心灵的宁静"中与"向善"的德性浑然一体。

---

① 《马克思恩格斯全集》第40卷，人民出版社1982年版，第207页。

中世纪是经典的基督教信仰时代，在神学把人的心灵引向救赎的期待中，也有"向善"的影子，然而，托起这份期待的却是作为"他律"的"神的恩宠"。

十七八世纪，因为"启蒙理性"颇具特色的"怀疑"与"批判"气质，重构了人类"德性"传统极具现代意味的"合法"基础。

批判是在启蒙运动中成长起来的理性手册，正是在对"神圣秩序"的怀疑中，启蒙确立了人的理性自主。但是，这种"怀疑"，也使得在启蒙确证人的理性自主的根基深处，始终无法逃脱"自我确证"与"自我怀疑"相互纠缠的两难。这种"两难"，导致了日后理性筹划时的种种游离不定。而这种游离不定，在其消极意义上，可能使得启蒙的方案无法"彻底"贯彻。然而，在其积极意义上，正是这种"紧张"与"摇摆"，保持了一种必要的张力。关于"德性"的现代诉求，就是在与"功利欲望"相"制掣"的紧张关系中伴生而出的关于"自然人性"问题的又一种解答。

按照泰勒对启蒙作为一个"进步的故事"的描述，启蒙的"怀疑"在"重构"现代德性传统中的意味在于，解放的理性不仅导致了不断的解放，而且在进步的链条中也发现了错用。继而在对错误的承认与克服中，又一次解放了人的本性的尊严，最终使得人的生活在谋求"意义"的层次上得以重建。

一方面，人们发现，拒绝众神之后的"自我重建"，并非只能求助于"向外的"进步和发展，还可以经由"回归故园"——返回内心。换言之，现代自我的解放，不仅仅是对新奇事物无休止的创造，它也可能表现为对"有限空间的愉快接受"。另一方面，自我负责的理性的充分运用，在带给我们最充分的明晰性的同时，也让我们发现了理性的界限。按照帕斯卡的说法，我们的自我远非是透明的，而是一个谜。而"关于人可以而且必须由自然科学的方法得到解释的观点，也被证明为一种错觉。人的内部，总有一种深度，让我们终究一生也无法知晓和无法穿透。"①

因此，尽管在启蒙时代，"德性"最初以一种与"功利"主流相对立的姿态出场，但是，它却是启蒙"遗产"中不可分离的一部分。在一定意义上，德性在启蒙时代仍然是幸运的。它的独立价值毕竟是在"自觉"、"自抉"的人自作"反省"之后的意味上得到了认肯。虽然在启蒙主流那里，关切人的趋利避害的权利意识是不言而喻的主导，但是，人关于自身权利意识的更进一步推进，必定会在另一重路向上，发现不可忽略的对于"德性"的追求。在归宿相通的不同途径上，启蒙时代的"幸福"与"德性"，以同样的真诚甄定着人的价值，诠释着人的自主。

　　　尽管对于许多 17 世纪和 18 世纪的思想家来说，善的概念只是亚里士多德式的幻想，每个人在本质上追求的是满足自己的欲望。但是，倘若如此，一个相互破坏的无政府状态就会接踵而至，除非欲望被一种更为明智的利己主义的观点所限制。正是在对这些问题考虑的背景下，大量的 17 世纪和 18 世纪的

---

　　① 泰勒:《自我的根源》，译林出版社 2001 年版，第 548 页。

关于德行的思想应运而生。①

在 18 世纪，构成现代德性追求重要基础的"自律"自我身上留下了卢梭不可磨灭的印记。按照布鲁姆所说，卢梭并不反对他的同时代人所发现的那些"新原则"，但他是从尽可能广阔的角度思考这些原则，从而把这些原则彻底化。面对他的启蒙同道们针对"王冠和圣坛"所展开的史诗般战斗，卢梭在肯定已经取得的胜利的同时，更多了一层反思：当个人成为新世界的居民，知晓自己赋有权利、平等、自由，他们理性地追逐着自己的利益，不承认任何高出自己意志之上的正当性，是不是也可能在有意无意之间成为新专制主义的受害者？

卢梭是第一个在启蒙内部制造出裂缝的人，他首次明确地提出了人的存在的新规范，并将这一问题超出人的个体存在的范围，使之向社会问题转化。卢梭毫不留情地批判人类相信自己在发展途程中已获得的一切成果，诸如知识、艺术、日益精巧的生活，以及日增的生活享乐等。在卢梭看来，现代社会，人们成了自爱的奴隶，疯狂争夺表面的幸福，人们之所以活着不是为了生活，而是为了使别人相信他们生活过。

> 这些所谓的利益并没有赋予生活以新的价值与本质，反而使生活日益远离自己的源泉，并最终剥夺了生活的真正意义。…卢梭是 18 世纪第一位严肃看待帕斯卡对人的谴责、并

---

① 麦金太尔：《德性之后》，中国社会科学出版社 1995 年版，第 289 页。

感受到这种谴责的全部力量的思想家……在他的早期著作中，重现了帕斯卡《思想录》对人的伟大和可悲的描述。①

卢梭的注意力没有止步于这种"谴责"，他不满足于帕斯卡对人性不可解决的矛盾的解释。相反，他在人的经验存在和发展中发现了这种冲突，并进一步勇敢地提出，既然虚妄等贪欲在人类的经验、历史存在之前并不存在，而是从后者产生而出的，这就意味着人指望从外部得到解救是徒劳的，人必须自己成为自己的解救者，并在伦理意义上成为自己的创造者。"卢梭-康德的理论体系，从本质上说与启蒙运动关于人的自然本性的看法一致，但这是在哲学上第一次从人身上发现了某种有别于自然并高于自然的东西。"②

查尔斯·泰勒指出，卢梭是大量当代文化和自我探索哲学的起点，也是自律的自由成为德性的关键这一信条的起点。卢梭开启了现代文化朝向更深刻的内在深度性和激进自律进发的思想历程，并在多条路向上，成为所有启蒙现代性反思绕不开的起点。

在18世纪的启蒙合奏中，卢梭的不谐和音是突兀的，然而其基本主题和价值命意与自己的时代并无不同。事实上，卢梭起初仍然是作为启蒙主流的"朋友"出现的，许多启蒙主流的思想家，也有意无意中为卢梭日后的"反对运动"开辟了道路。正像查尔斯·泰勒敏锐感觉到的，那些关于生活意义的回答，尽管在启蒙主流思想家那里，很少有公开表达的陈述，但是这种精神灵感即使不

① 卡西尔：《启蒙哲学》，山东人民出版社2007年版，第143页。
② 布鲁姆：《美国精神的封闭》，译林出版社2011年版，第143页。

被公开表达也仍然能够被感觉到。洛克、休谟学说中的"怀疑"，打破了弥漫于那个时代的"独断论"迷雾，也构成了卢梭之前朝向这个方向，"初步的、非常犹豫的准备性步骤。"

在洛克的经验学说中，已经包含着一种微妙的怀疑。按照洛克所说，可感的外部对象是人的观念的主要来源，人的感官有感于可感的事物，然后把所得的知觉传达给心灵，心灵于是就有了相应的观念。但洛克发现，人的感官一般说来也就是有限的那么几种，可见，由感觉而得的观念未必全然与可感事物完全相应。换言之，经验论者洛克已经对经验可能达到的限度有了相当明智的自觉，并同时在心灵的"反省"中发现了观念的另一个来源。然而，因为这份"反省"而可能带来的人的心灵境界的提升，对当时的洛克来说，却仍然是彼岸的秘密。

休谟则以一种与其经验论前辈洛克不同的怀疑方式，不仅宣告了人类理智所可能达到的知识的可靠性边界，而且，其"不可知论"的意趣已经把他对于德性地位的看重表露无遗。在休谟看来，感受到德性不是别的，只是在凝视某人时感受到的某种特别的满意。正是这种感觉构成了我们的赞扬和敬意。因此，经验的知觉是理智的界限，它不可能洞悉作为"自我"的心灵本身。理性所能做的只是告诉我们情感追求的目标是否存在，追求目标的最经济、最有效的手段是什么。在《人性论》中，休谟写下了这段对 20 世纪哲学产生深远影响的名言：

　　　　在我遇到的每一个道德、哲学体系中，我一向注意到，作者在一个时期中是照平常的推理方式进行的，确定了上帝的存在，或是对人事作了一番议论；可是忽然之间，我却大吃一惊地发现，我所遇到的不再是命题中通常的"是"或"不是"等联系词，而是没有一个命题不是由一个"应该"或"不应该"联系起来的。这个变化虽是不知不觉的，确是有着极其重大关系的。因为这个应该或者不应该既然表示一种新的关系或肯定，所以就必须加以论述与说明。①

对于休谟这段文字的用意，卡西尔认为，它首次明确区分了两种判断，即事实判断和道德判断，但对于这两方面之间的关系，休谟却语焉不详：他到底是说从"是"到"应当"的转变需要人们给予极大关注，还是说事实上这种转变在逻辑上不可能？或者，他是说从"是"到"应当"的大多数转变实际上是虚妄的，还是说任何这种转变必定是虚妄的？按照泰勒的观点，休谟通过他的怀疑，对理性做出的"贬低"，并不是要推出一种认识力的绝望，而在于引导我们去发现和接受我们自身的局限。"这种见解把我们从一种不可能的、以自我为根据的、确定性的绝望中解放了出来"，②继而赋予道德情感以独立且独特地位的重大价值。

二、卢梭的偏离与分裂

按照卡西尔所说，卢梭以其分裂的形式属于启蒙阵营。尽管卢

---

① 休谟：《人性论》（上），商务印书馆 2004 年版，第 73 页。
② 泰勒：《自我的根源》，译林出版社 2001 年版，第 531 页。

梭因为攻击启蒙运动并且取得了成功,但是他的理智信念和道德信念,并非和他的时代全然不容。在施特劳斯看来,感受到"启蒙"的危险和错误的,卢梭并非第一人,他的"醒目",恰恰不是因为他是一个完全的"反动派",相反,卢梭使自己深深沉溺于启蒙现代性之中。事实上,只有对启蒙现代性命运的深刻体察,才能够实现卢梭所期望的"返回"。而且,卢梭的"返回"并非真的回到古代,他只不过是以一种属于卢梭的方式实现了对启蒙现代性的又一次推进。卢梭自己也承认,洛克是以完全一样的原则处理了和我一样的题材。正是在此意义上,卡西尔说,卢梭是启蒙运动的真正产儿,卢梭并没有推翻启蒙运动,他只是移动了一下启蒙运动的重心。①

然而,相比较他的启蒙伙伴,卢梭无疑对启蒙现代性在价值抉择上的偏差更为敏感。正是这份独特的"敏感",使得曾经是启蒙斗士同道的卢梭,最后成了启蒙主流的"敌人"。卢梭在几个关键问题上与他的前辈和同时代人形成了重大分歧:

首先,在启蒙主流崇尚理性、对理性力量充满无限信任的地方,卢梭否认人在天性上是理性的动物。在卢梭看来,人是"前理性的"。对此,他分析说:具有理性就意味着具有一般观念,然而,有别于记忆和形象或想象的一般观念,并非某个自然过程或者无意识的过程的产物,它们以定义为前提,有赖于定义而存在。因此,语言乃是它们存在的先决条件。既然语言不是自然的,理性也就不是自然的。由此,卢梭试图以一种新的定义来取代把人定义为

---

① 卡西尔:《启蒙哲学》,山东人民出版社 2007 年版,第 22 页。

理性的动物的传统。

> 理性来得比肉体的初级欲望更晚一些，理性是在满足这些欲望的过程中出现的。……为了满足这些初级欲望，人们被迫为了生存而思考——学着思考。于是，心智的发展，就恰好对应于特殊的环境限制或基本欲望的满足的特定方式。这些环境塑造了人们的思想。一经塑造成形人们就发展起来新的欲望，并且在试图满足这些欲望时，心智又进一步地发展起来了。心智的进步乃是一个必然的过程。①

按照施特劳斯，在"卢梭的瞬间"，理性并非人在其开端处所固有的特质，而是人们为了克服或改变自然而有所作为，或被迫有所作为的结果。"理性的创作力和理性对于自然的盲目力量的主宰地位，乃是那些盲目力量的产物。"② 由此，卢梭进一步强调，就理性乃是历史过程的产物而言，因为历史过程中存在的偶然性，人的理性也就是有限的，它不可能始终正确地指导人的行为。因此，仅仅依靠理性来建立社会远远不够。卢梭是第一个以道德捍卫者身份出现来对抗理性的哲学家。在他看来，类似爱国主义这样一些从某些直接的感情习惯而来的"激情"，尤其容易受到理性的伤害。因为理性紧盯着私利的计算，太过强有力地提出了保存和舒适的要求，结果很容易使一切都个人化。启蒙运动希望把人在自然状态中

---

① 施特劳斯：《自然权利与历史》，三联书店 2003 年版，第 279 页。
② 同上书，第 280 页。

的自私转化为开明的自利，这样的人能够依托于自然、靠天然激情理性地参与公民社会。然而，这种转化被卢梭认为是有害的，并且是道德混乱和人类悲苦的原因所在。①

其次，在启蒙主流把进步设想为一个连续的链条，对科学和艺术的进展必将促成文明进步深信不疑的地方，卢梭发现了"文明"对人的本真存在的扭曲和异化，指出科学与艺术的进步败坏了德行。在其第一部著作《论科学和艺术》中，卢梭肯定了最近几个时代以来欧洲文明的奇迹，但他随即指出，我们的灵魂正是随着科学与艺术臻于完美而越发腐败。随着科学艺术升起，德行消失。

在科学与艺术的时代里，似乎知识已经不在乎一个人是否正直，只在乎他能耐有多大，不在乎一本书是否读懂，只在乎它写得精彩不精彩，不问人们的天性是否善良纯真，只问他们有没有聪明才智。②

卢梭认为，启蒙通过被解放出来的知性塑造了各种新的想象和幻象。一方面，科学一经普及，常常就会蜕化为意见，而人的意见越多，就越想当主人，越想通过来自别人的意见成为驾驭别人的主人，因而也就越会陷入奴隶状态；另一方面，启蒙解放的知性成为了制造奢侈的工具，满足人们对于名誉和尊奉的自恋。于是，知识

---

① 布鲁姆：《巨人与侏儒》，华夏出版社 2003 年版，第 207 页。
② 卢梭：《论科学与艺术》，商务印书馆 1963 年版，第 20 页。

和礼仪等文明形式，沦为一种虚荣心，即"出众"的需求，它越发使人期望在被奴役状态中确认自身。不仅如此，当催生科学与艺术进步的是人的自爱的动机，实现这种自爱的途径又完全是通过来自其他人的意见，而这里的他人同样是遵循着自爱原则而确认自身的他人，于是，由所有自爱之人聚集而成的，充其量只是一个人群，是"一个集合，而不是一个联合体。"在卢梭看来，一个有自爱的人聚合聚集成的社会，是一个抽离了自然关系而使每一个人都陷入奴役状态的社会；同样，一个只以自爱原则而寻求自保的人，也不可能成为一个合格的公民。结果，人的存在的另一种可能被消解了。"科学倡导与其他人和文明社会保持一种松散的关系，它使美德原则受到怀疑，它为了自身的繁荣而要求一个奢靡散漫的社会。"① 卢梭为此感叹，我们有的是物理学家、几何学家、化学家、天文学家、诗人、音乐家和画家，可是我们再也没有公民了。现代文明伴随着的知识分化，使得人们只是按照知识专门化的程度确认自身。现代社会，作为文明进步的结果，科学与艺术的教养越深，人们在政治共同体中作为公民的属性越来越被瓦解。"怀疑、猜忌、冷酷、仇恨与戒备隐藏在礼仪的虚伪面目下面，隐藏在被我们夸耀为时代文明依据的文雅后面。"②

最后，当启蒙主流津津乐道于洛克式的理性和勤奋之人，卢梭却指责作为现代社会主导性品格的"布尔乔亚"具有诸多缺陷。卢梭批评说，布尔乔亚是社会中的个人主义分子，他需要社会及其

---

① 布鲁姆：《美国精神的封闭》，译林出版社 2011 年版，第 251 页。
② 卢梭：《论科学与艺术》，商务印书馆 1963 年版，第 10 页。

保护性的法律，但仅仅将之作为达到私人目的的手段。布尔乔亚是伪善者，他把自己的真实意图隐藏在公益精神的外表之下，他需要所有的人，却不愿意作出牺牲在他人处于困境时帮助他们。布尔乔亚的道德是金钱性质的，他的每一个社会行为都要求回报。

> 布尔乔亚处在可资敬重的两个极端之间的某些地方，好的自然人和道德公民。前者独自生活，只关心自己，关心自己的保存和满足，不关心他人，因此也不会伤害他人。后者独独关心公共的善，只作为其中的一分子而存在。两者以其自己的方式都是整全的。而布尔乔亚无论是自然的诚实还是政治的高贵，他都无力担当。①

按照布鲁姆所说，布尔乔亚一词是卢梭的伟大发明，它是卢梭考察现代性中人类状况的真正出发点。从这里出发，卢梭诊断了现代性的病原所在。在本质上，卢梭的布尔乔亚和洛克笔下的"绅士"是一种类型的人，他们对财产的关心确实为社会提供了一个更审慎更牢固的基础。但卢梭却以一种不同的眼光看他：理性、勤勉之人也许是稳定的工具，但是依托于这样的人，可能要付出人类尊严的代价。在卢梭看来，布尔乔亚无诗、无爱、无英雄气，他是此世的、贫乏的，他完全不能符合卢梭所关心的一种更高的、"非金钱"的道德。

---

① 布鲁姆：《巨人与侏儒》，华夏出版社 2003 年版，第 205 页。

三、良知：人内在本性的发现

上述所有分歧，全归因于卢梭在启蒙主流发现"自然权利"的地方，发现了作为"自然人性"的"良知"，这是卢梭和他同时代人"分道扬镳"的关键所在。

卢梭对自然人性的发现，同样追溯到作为人类初始的"自然状态"。在卢梭看来，自然状态的人过着简单而健康的生活，自我保存几乎是他们唯一关心的事情。如此来看，卢梭和霍布斯、洛克好像并无不同。但实际上，卢梭对自然状态的看法完全不同于霍布斯：第一，卢梭的自然状态不是前社会的，他的自然人是被自爱推动的，但是自爱并不与同情心与怜悯心相矛盾。第二，卢梭很清楚地意识到了霍布斯似乎没有意识到的一点，人类的欲望可以通过提供欲求对象引发出来，自然人几乎没有什么可欲求的对象。第三，同霍布斯一样，卢梭相信，人在自然状态下，还没有作出某些道德区分。但对卢梭而言，自然人，遵其需要的冲动和偶发的同情心行事，是善的。①

而与洛克的不同则在于，洛克自然状态下人的自我保存，以及因此"契约"而成的社会，都是理性推致的结果，简言之，从自然状态向公民社会的过渡，都是理性前后一贯对人意的顺遂。在卢梭看来，人的自我保存，自我关切，则是"前理性"的，它们是人的天性。这种"前理性"的自我保存，非但不会带来人与人之

---

① 参见麦金太尔：《伦理学简史》，商务印书馆 2004 年版，第 246 页。

间的"战争"，相反，不知道何为善恶的自然人，它们自我保存的推理应该是自然状态最能保持和平。在卢梭的自然状态中，人与人之间几乎不发生任何关系，他们在彼此影响为"零"的状态下平等。"对于不互相交易的人，狡诈有什么用呢?"① 卢梭认为，压迫和奴役，只是由于人们的相互依赖和相互需要才形成。因为，能够考虑自我利益或他人利益从而能在这两者之间进行选择的人，必定是已经同情地卷入到与他人的关系中。同样，对于最具有代表性的人的目的的追求，把对自我利益的考虑与致力于其他人的需要两者分离开来也是不可能的。因此，在卢梭看来，霍布斯的人，彼此之间之所以如此紧张，是因为他们已经被掺加进了许多属于社会中的欲望，不再是"自然状态的人"。

在卢梭眼中，自然状态中的人情感简单淳朴，他们只具有因自然冲动而产生的情感，对同类，他既无所需求，也无加害意图。而怜悯心则是他们所具有的一种自然情感，它先于一切理性思考而存在，在自然状态中调节着每个人的自爱心，协助人类的相互保存。

自然浸染在卢梭的思想之中，成为他的"性情"生活的重要特征。他唯一爱的人是"自然人"，他向往的道德是自然的道德，他希望的教化是自然的教化。自然给予他道德的"敏感性"和"善感性"，这种对"自然"道德的强烈"感受"，使得他成为现代文明的反对者。②

① 卢梭：《论人类不平等的起源与基础》，商务印书馆 1962 年版，第 107—108 页。

② 金生鈜：《德性与教化》，湖南大学出版社 2003 年版，第 166 页。

　　具体而言，"自然"在卢梭这里是这样的：第一，卢梭的自然是一种形而上的自然，不是人类曾经经历的历史事实。在《论人类不平等的起源与基础》中，卢梭描述说，自然状态是一种现在已不复存在，过去也许从来没有存在过，将来也许永远不会存在的状态。这种"先验的"自然，是卢梭关于人天生自由的先验根由，是卢梭道德思想的合法性基础。

　　第二，卢梭的自然意味着自由。卢梭宣称，自然赋予人自由，真正的道德就是产生于这种自然与自由之中。在这里，卢梭的自由也是先验的，它不是现实的、实在的权利，而是道德的一个先验的基点。

　　第三，自然人的自由具有一种"自我完成"的特质。这种"自我完善"，让人意识到自己无限的欲念和需要，并不断追求满足，结果，人脱离了安宁自在的自然，从自然状态走向社会状态。在卢梭看来，从自然人走向社会的转变过程虽然伴随着人类理性的成长，但却使自然状态中的平等消失了。

　　第四，卢梭的自然是"无法复归"的自然。卢梭断言，人性往而不返。因此，其"原始的"自然状态的设立，是为了正确地判断人类现实的社会状态，从而为新的社会制度的建构提供基础。

　　如果说，在洛克那里，自然状态只是公民社会的"开端"，在理智的"作用"下，它只等待着"公民社会"来取代和超越，从自然状态向公民社会的过渡，全都是理性顺遂人意的安排。但是，在卢梭这里，原初的"自然"有其独立的、不可替代的价值，人类从自然状态到公民社会则意味着从"天性"到"理性"的转进。

正因为如此，"自然"在卢梭那里，同时是对"文明"的一种对抗。正是通过诉诸"自然"，卢梭以先知式的深邃批判启蒙主流的理性和进步诉求。当然，按照康德的说法，完全没有理由把卢梭对那些放弃自然状态的人类的申诉，看做一种返回原始状态的赞许。他的著作其实并没有提出人们应该返回自然状态去，而只是认为人们应该从他们目前所达到的水准去回顾它。在卡西尔看来，卢梭只是以实际上永远无法返回的"自然状态"作为"基准"，为现代文明提供一面自审其容的镜子。

因此，同样是对自然状态的逻辑追溯，卢梭与他的前辈和同时代人之间存在着深刻的分歧。在这些"分歧"处，卢梭以其别具用心的"自然"清洗过于浓重的"文明"油彩，在人性的天然底色中，发现了作为人之"天性"的"良知"。

卢梭认为，良心——而非理性，才是我们内在的真正向导。良心是善与恶一贯正确的判定者。没有良心，人就无法使自己超越于禽兽之上。对卢梭而言，理性的职能是认识，它教给人如何判断，而良心则是道德的基础，它把我们导引向道德的高尚，它引导着理性永远向善。作为一名虔诚的自然神论者，在《爱弥儿》中，卢梭托萨伏依教区牧师之口，满怀激情地宣告：

> 良心啊！良心！你是圣洁的本能，永不消失的天国的声音。是你妥妥当当地引导一个虽然是蒙昧无知然而是聪明自由的人，是你在不差不错地判断善恶，使人形同上帝！是你使人的天性善良行为合乎道德。没有你，我就感觉不到我身上有优于禽兽的地方；没有你，我就只能按我没有条理的见解和没有

准绳的理智可悲地做了一桩错事又一桩错事。①

在卢梭看来，良知是显现在人身上的"内在之声"，它作为人性之善的潜质，无待于后天的习得，它先于理性而存在，它与生俱来。"在我们的灵魂深处生来就有一种正义和道德的原则；尽管我们有自己的准则，但我们在判断我们和他人行为是好是坏的时候，都要以这个原则为依据，所以我把这个原则称为良心。"② 按照卢梭的说法，所谓德行就是"淳朴的灵魂的崇高科学"，它的原则就铭刻在每个人的心里。人只消返求自己，回到个体内在的自然即天良，并在感情宁静的时候聆听自己良知的声音，就够了。

但是，现代文明的"噪音"淹没了"自然之声"，人们已经很少去聆听它，并慢慢失去了与它的联系。作为这种联系丧失的结果，人们越来越依赖他人，依赖他人怎样认为我们，依赖他人对我们的期望，依赖他人对我们的承认或蔑视，依赖他人对我们的奖赏或惩罚。"我们再也看不到一个始终依照坚定不移的本性而行动的人；再也看不到创造者曾经赋予他的那种崇高而庄严的淳朴，所看到的只是自以为是合理的情欲与处于错乱状态中的智慧的畸形对立。"③

不同于"洛克们"把"权利"看做自然人性，卢梭认"良知"为人的天性。按照卢梭本人的说法："良知"是天生的，是大

① 卢梭：《爱弥儿》，商务印书馆2001年版，第417页。
② 同上书，第414页。
③ 卢梭：《论人类不平等的起源与基础》，商务印书馆1962年版，第62—63页。

自然使得我们具有这样一个意志。卢梭认为，尽管我们所有的观念都得自外界，但是，衡量这些观念的情感却存在于我们的本身，它不是我们后天学来的。

"良知"的作用方式不是判断，而是感觉。"不管我们的存在是什么原因，但它为了保持我们，便使我们具备了适合于我们天性的情感。"① 这些情感，对个人而言，包括对自己的爱、对痛苦的忧虑、对死亡的恐惧和对幸福的向往。而良知之所以能够激励人，就是因为人及其同类息息相关的固有情感在起作用。

"良知"是独立于理智的。在卢梭看来，人的天性中有两个截然不同的本原，其中一个本原促使人去爱正义和美德，另一个则受感官欲念的奴役。良心是灵魂的声音，欲念是肉体的声音，这两种声音往往是互相矛盾的。"良知"是幽静的、腼腆的，它藏匿在人的内心深处。只有进入怡然沉思状态，我们才有可能发现那些大自然铭刻在我们身上的不可磨灭的"字迹"。

"良知"是人类真正的向导。良知从来不会欺骗我们，按良知去做，就等于服从自然，用不着害怕迷失方向，相反，理性欺骗我们的时候则是太多太多，我们有充分的证据对他表示怀疑。"良知"需要在与"欲念"的比堪中才能"显现"。按照卢梭，"欲念"并非天生就是"良知"的敌人，在一定意义上，他们堪称"盟友"。只有在欲念开始产生的时候，我们才会感觉到"良知"的必要。"良知不是不允许我们受到引诱，而是不许可我们屈服于

---

① 卢梭：《爱弥儿》，商务印书馆 2001 年版，第 416 页。

引诱。"① 在卢梭看来，"德性"固然出于人的"天性"良知，但是，它同样需要凭借人的意志，即通过对"欲念"的控制，才能完成。"全能的"上帝、"无忧的"天使，尽管"善良"，却不合适用"有德性"称誉。因为他们的"善良"无须像人这样和自己的欲念"抗争"。

至此，作为人之天性的"良知"被卢梭赋予了"拥有全部道德的资格"。按照查尔斯·泰勒的评述，卢梭极大地扩大了人的"内在之声"的范围，是卢梭让我们知道，我们最终的幸福就是与我们的"内在之声"和谐相处，完全成为我们自己。从前，只能在上帝那里找到的"同一"的根源，如今被卢梭发现存在于自我之中。

第二节　从"权利"到"德性"

在理性及其工具化运用——"功利原则"——被普遍推崇的时代，卢梭着意强调"良知"以及源自良知的"德性"的至高地位，"开创"了关于个人和历史的又一种叙述方式，这种方式试图让我们的生活围绕着"德性"的层面，更加"圆融"地得以重建。

一、启蒙主流"权利"的"界限"

十七八世纪的启蒙主流，以认可个人有不可剥夺的权利为前

---

① 卢梭：《爱弥儿》，商务印书馆 2001 年版，第 681 页。

提，从系于"利害"的权利处宣称可以通过缔结"契约"实现由"自然状态"向"公民社会"的过渡。按照霍布斯，拥有"权利"的个人是社会构成的必要前提，为了防范冲突，更好地"自我保存"，人们订立"契约"。在这里，"契约"是理性的"指示"，它遵从于人趋利避害的意志，保障人不可转让的权利。

然而，在卢梭看来，单从一般出于自我保存的"权利"原则出发，我们的任何利他行为都不得牺牲我们的自利。启蒙主流既希望以"契约"保障"权利"，又试图以"不可转让的权利"，保证个人对共同体的独立，已经被证明为完全是失败之举。

在霍布斯那里，契约是社会生活的基础，他寄希望通过"契约"可以完成这样一个转变，即"从侵犯和恐惧是唯一动机、武力是唯一有效工具的事态向着有公认标准与合法权威的事态转变。"① 但是，当霍布斯把人类的动机、欲望理解得如此狭隘，并将欲望看做是既定的、不可更改的——不存在对之进行批评和加以合理改造的余地，其不可避免的结果是，他的"契约"实际上已不再可能诉诸某种可接受的合法性标准。

> 霍布斯讨论意志自由仅仅是为了强调，所有人类活动都是被决定的；而他讨论政治自由，仅仅是在无限君权所允许的范围内。……之所以会这样，是因为他的动机理论使他认为，……幸福就是从一个欲望对象到另一个欲望对象的持续进步……崇高的精神理想仅仅是追逐统治权的假面。结果，他根

---

① 参见麦金太尔：《伦理学简史》，商务印书馆 2004 年版，第 189 页。

本就没有估计到自由作为一种理想和目标出现的意义。①

因此，霍布斯式的"契约"就只能类似个人意志的简单相加，"共同体"也就成了完全的外在于人的力量，它与人的"意愿"无关。最终，必然是"统治"与"服从"压倒了"统一"与"和谐"，个体意志以契约方式联合的结果却是对个体意志的取消。

斯宾诺莎明确指出，霍布斯那里"只被欲望所驱使的人"，是对人在低等的、蒙昧状态下的描述。事实上，人们追求快乐和避免痛苦必然同时受到理性认识和理智控制之外的影响，而那个非理性的领域，只是在我们没有意识到它的时候才支配我们。一旦人们对自己的情感有了恰当的理解，人在情感中的被动状态也就结束了。所以，对斯宾诺莎而言，自知之明，唯有自知之明，才是人的解放。换言之，人完全可以控制和调整自己的感情和欲望，从"受支配者"转变为"自主行为者"。如果说，霍布斯是为了逃避受制于人和"被害"，而将自己和自己的权利交付出去，斯宾诺莎的理由却是因为如此可以获得文明的秩序和自我解放。同样，不像在霍布斯那里合作是出于恐惧，斯宾诺莎的文明人寻求与他人的合作，则是建立在自知和求知这种共同利益基础之上。

尽管斯宾诺莎宣称："人的心是不可能完全由另一个人处置安排的，因为没有人愿意或被迫把他的天赋的自由思考判断之权转让给别人。"② 但遗憾的是，他最终却选择把这一难题交付给上帝处

---

① 麦金太尔：《伦理学简史》，商务印书馆 2004 年版，第 191—193 页。
② 斯宾诺莎：《神学政治论》，商务印书馆 1962 年版，第 270 页。

理。因为在斯宾诺莎看来，凡是直接从神产生出来的东西才是最圆满的。

从洛克开始，"社会契约"理论方才真正具备现代的意味。洛克也悬设了人类生活的"自然状态"，只不过，这种"自然状态"不是霍布斯描述的"人对人是狼"，而是"一种完美无缺的自由状态"——因为它的维系有待于人的理性自觉。与此相关，经自由个人的契约而产生的共同体，"只能根据它的各个个人的同意而行动，但是它作为一个整体又必须行动一致，这就有必要使整体的行动以较大力量的意向为转移。"① 而这个较大的力量，按照洛克的说法，就是大多数人的同意。

很明显，洛克希望通过"大多数人的同意"，避免"契约"或"共同体"对个人的强制。按照麦金太尔所说，洛克式的合法权力对自然权利的保障，在于契约的这一条款：即被多数选民通过的才是唯一有效的法律。"洛克在这方面的思想，使他成为自由民主的先驱。但在这方面，他的思想也遇到了困难。法律旨在保护财产，但谁是财产的所有者如何界定？"② 实际上，问题远不止于此。最为关键的是，"大多数人的同意"与"各个人的同意"之间总会有着相当的距离。尤其当人的同意或者不同意的判断，最终都被归摄为每个人出于"自保"运用理性而做的"权衡"、"计算"，这里的分裂已经不言自明。

美国政治学家大卫·洛德塔尔曾经生动地描述过"洛克式"

---

① 洛克：《政府论》（下），商务印书馆 1996 年版，第 38 页。
② 麦金太尔：《伦理学简史》，商务印书馆 2004 年版，第 215 页。

的士兵可能遇到的难堪。按照洛克的主张，一个士兵，面对可以"保全他人"而自己可能赴死的命令，必须绝对服从，否则军官有权处死他。洛克的理由在于，因为士兵此时的"服从"对保存他人是必需的，军官的权力也来源于此。但是，问题在于，从士兵的角度，他为什么必须为他人的缘故而接受赴死的命令呢？洛德塔尔遵循洛克本人的逻辑，替洛克回答，士兵如果不服从，将军会绞死他。但顺着这个理致，接下来的问题必然是：当洛克的士兵对执行命令的恐惧超过了违反命令所可能带来的后果的恐惧，他还会为了"保全他人"而自己服从"赴死"的命令吗？

这个追问肯定是"洛克们"不愿意面对的。然而，对于那些从来不知道有"荣誉"、"高贵"等观念，只知道"自我保全"和"功利幸福"的"洛克式"士兵而言，遭遇如此的诘问在所难免。

洛德塔尔的追问，直指启蒙主流功利原则的"阿喀琉斯之踵"：如果追求"幸福"的"我"恰好遇到了不愿或不能协助"我"取得幸福的"你"，"我们"之间还能有"契约"吗？如果出于同样的"自我保存"的理由，"我"和"你"都不愿成为对方"幸福的手段"，又会发生什么情况？最关键的是，被18世纪启蒙思想家所热切盼望的"幸福"，在多大程度上可以经由"契约"的保障而得以成全？而公共责任是否只需要"共同幸福"的理由就完全足够了？

毫无疑问，对这些问题，启蒙主流的"幸福"原则不但无法解决，甚至也是单凭他们的"功利"之眼所无法触及的。与人的"幸福"纬度同样真实，但却深邃得多的"德性"纬度，被卢梭提示了出来。

二、源于"良知"的德性

卢梭敏锐地看到了被启蒙主流思想家"视而不见"的个人与其共同体之间的二元对立，反对启蒙主流简单诉诸"利益"计算来处置这种"分裂"。在卢梭看来，启蒙主流的这种解决方案只会愈发导致人的堕落和受奴役状态。因为，就人可能的需要来说，绝不会有满足的时候，而对于只听从欲望召唤的人，肯定无自由可言。在此意义上，卢梭对"科学与艺术"的反对，如他自己所说，并非攻击科学本身，其真实意图是要告诉人们，仅仅依靠"科学"、"进步"，不但不可能真正解决人及其社会的问题，甚至还会造成许多坏事。

要弥合这种分裂，按照卢梭的主张：唯有此前只知道关心一己的人类，不得不按照另外的原则——德性——行事。于是，卢梭之反对"科学"，毋宁是在提示人们，在"幸福"的欲求之外还需有"德性"的地盘。当伏尔泰还为了文明跟愚昧无知战斗时，卢梭却已经痛斥这种人为的文明了。卢梭以其特有的敏感看到了与文明、理性相伴而生的问题，高举起"德性"的旗帜，试图使个人的自由联合与自由联合的个人圆融自洽。

（一）"德性"是拥有天然"良知"的人的"应然"追求。在启蒙主流思想家那里，"自然状态"下的人只知道自我保全，自然人被"自我保全"的关切所支配，因此他们就会伤害他人，只要他认为这能够使他能够保全自己。卢梭则认为，"自我保全"的自然人，除了"自爱"的天性之外，还有作为"良知"的"同情心"，这种同情心，作为他天性的一部分，同样有助于自然人的"自我保全"。在卢梭看来，如果自我保全的本能的强大推动力没有为"同情心"所缓解的话，人类是无法生存下来的。换言之，在卢梭看来，"自我保存"的本能愿望包括两个部分：一是"自爱"；一是"同情"，两者都是人天生具有的无意识的感情，它们先于理性，彼此相互制约，从而使人生活于和平友善的状态之中。

按照卢梭对霍布斯"自然人性"的批评，任何对于自然人性的追溯都应该满足两个条件：一方面它必须不是在社会状态中产生的品质或特性；另一方面它又必须与动物的本性区别开来。卢梭显然意识到，霍布斯关于自然人性的归结方式，很容易就把人等同于动物，所以它着意赋予自然人以"良知"。卢梭认为，在禽兽的行为中，自然支配了一切，它们完全受制于本能。而人则以自由主动者的资格参与其本身的动作。因此，"禽兽虽在对它有利的时候，也不会违背自然给它规定的规则。而人则往往虽对自己有害也会违背这种规则。"[①] 这种明知"有害"而为之的行为，只可能源出于卢梭所谓的以人的天然"良知"为基础的德性。

（二）"德性"与人的自由真正彼此相属。按照一般的看法，在卢梭那里，自然人拥有最完整的自由。然而，在卢梭的自由状态下，人与之间的关系为零。所以，在人与人几乎没有任何关系的状态中，这种自由实际是无意义的。在这一问题上，卡西尔真正读懂了卢梭，按卡西尔所言，被卢梭誉为美好而又淳朴的自然状态，实际上只是一种假设，一个"符号"。卢梭试图把伽利略在研究自然

---

① 卢梭：《论人类不平等的起源与基础》，商务印书馆 1962 年版，第 82 页。

现象中所采取的假设法，引入到道德科学的领域中来。他深信只有靠这种"假设的和有条件的推理"方法，我们才能达到对人之本性的真正理解。

由此，卢梭所"钟情"的人的自由，绝不是返回"自然状态"，"复杂的"卢梭确实不可能如此简单地交给我们一个"无意义"的自由。但是，对于启蒙主流寄希望于"科学"、"进步"带给人自由，卢梭却全然不能赞同。在卢梭看来，正是对"科学"、"进步"的无限欲望，使得文明的进程给现代人戴上了沉重的枷锁。完全为理智的发展所推进的文明进程，不仅破坏了人的自然状态，而且在组织社会时也犯下了弥天大错。

这就是说，卢梭拒绝启蒙主流借助"进步"为人们的自由所作出的种种设计。这种观念认为，如果我们要成为更自由的人，只需要更有理性、更有知识。卢梭明确指出，计算理性的进步并不是我们"自由"的基础，相反，它只在良心被窒息的地方滋长。真正的自由，只有在"德性"中寻求。唯有德性，才与我们的自由彼此相属。

一方面，德性让我们遵从内在于我们本性之中的"自然之声"，在听从"天意"的安排中，让我们的自由表现为一种灵魂的神圣，对卢梭而言，为德性所必需的知识不是理性，而是由他所谓的良知或情感和本能所提供的。在纯净的、无功利心的沉思中，人们才能拥有完美的幸福和像神一样的自足。

另一方面，德性可以教给我们一种放弃无节制欲望的自由。按照卢梭，人们对于占有的欲望永无止境，对欲望的过分关心只会造成人的依附和焦虑。对于快乐存在着自然的限制，而这种自然的限制才会带来最高的快乐，因为无休无止的"快乐"也是有悖于自然的。

另外，德性可以通过引导我们朝向一种"共同的善"的努力中获得自由。按照施特劳斯，卢梭以德性的名义，找到了一个既满足于个人，又满足于社会，即让"个人"与"社会"能够彼此"容忍"的解决之道。这种解决方法，通过个人出于绝对的真诚意愿，放弃他们原初的自然，选择服从共同体的统一准则。在这里，个人虽然放弃了自然状态下以个人力量为其界限的自由，但因此而获得的却是"社会的自由"乃至"道德的自由"。于是，"他从一个愚昧的、局限的动物一变而为一个有智慧的生物，一变而为一个人。"①

（三）德性是维持社会纽带的更强有力的基础。在卢梭看来，信仰乃是构成社会的要素。一个社会的稳定维系，需要一种精神来激励和凝聚。在这里，"科学"绝不可声称自己有绝对之上的位置，因为在精神价值的领域，占据这个位置的是道德意志。相反，科学本身的普遍性、中立性、客观性、功利性，常常会淡化甚至削弱构成一个社会的"力量。"

卢梭深深感受到，通过盘算或以一己之利作为联系社会的纽带是脆弱的，它们作为社会的根基显然不够深厚，社会的根基要到人的激情或情感中去寻找。而这种"激情"又通过把欲望诉诸"普遍化"的考验，被证明为是合理并且正义的。② 因此，卢梭写作《社会契约论》的宗旨，就在于要寻找出一种结合的形式，使它能

---

① 卢梭：《社会契约论》，商务印书馆 1980 年版，第 30 页。
② 参见施特劳斯：《自然权利与历史》，三联书店 2003 年版，第 283 页。

够以全部共同的力量来护卫和保障每个结合者的人身和财富，并且由于这一结合而使每一个与全体相联合的个人又只不过是在服从自己本人，并且仍然像以往一样地自由。

按照卢梭，以往的政治社会，并不是人们的自由约定，而是由于先占者和最强者的奴役和统治的结果，是基于贪婪和私欲的膨胀而"文明化"的产物。对外部物质性强制的服从和基于此强迫的联合没有任何的道德合理性，以此为基础组织而成的社会也毫无稳定性可言。于是，卢梭试图首先返回到人类孤独而本真的自然状态，以此为出发点，更好地分辨出本真的状态和扭曲畸形的"文明"，从而在全新的基础上，以全新的原则——德性——重建人类共同体。

卢梭的共同体以个人自由为基础，并使自由和服从得以统一。服从不再是个人对个人和对某一部分人的服从，而是对作为所有法律基础的"公意"的服从。所有个别意志的真正需求，体现和持存于普遍意志之中，并形成法律，自由就是对自己制定的法律的服从，因而也就是对自己的服从。于是，不仅个人"不可转让的权利"获得了别具一格的逻辑自洽，而且人们也在稳固的基础上建立起了公共权利。个人权利与公共权力、自然的秩序与社会的秩序，因为"德性"的存在，不再构成二元对立，它们相互给予，周流不滞。

（四）德性体现了人的自我完善化能力。关于人的最初理解，卢梭认为，人类和禽兽之间在"知性"上的不同，只是程度的差异。构成人之作为自由行动者的特质而区别于动物的，并不在知性，而是他的灵魂的精神性。

按照施特劳斯的说法，当这种灵魂的精神性，表现为"服从于个人对自己的立法"的"卢梭的瞬间"，它同时告诉我们，人不再被偶在的环境所决定，作为盲目的命运的产物的人，通过克服或改变"自然"，最终成了他自己命运的"有远见"的主人。正是在此意义上，卢梭认为，区分人与动物的无可争辩的另一特质，就是人的自我完善化能力。①

作为人的特殊能力的"自我完善化"，在卢梭看来，同时也是人类脱离自然状态后一切不幸的根源。出于自我完善的目的，人总会不断地产生各种欲念和需要，最终，在无限制地追求满足欲念的过程中，人就会脱离原初的"自在"与"安宁"，走上了不平等的社会状态。因此，尽管卢梭盛赞人在自然状态中的纯真自由，极力反对现代社会所充斥着的贪婪、虚伪、仇恨、压制与冲突，实际上，卢梭深知，由于人的天性，从自然状态走向社会状态已是不可避免。

不过，也因为人的"自我完善化"，使得卢梭坚信，人类因为"自我完善化"欲求带来的堕落，同样可以经由人的"自我完善化"能力得到遏制。这种自我完善化能力，被卢梭设想为，每个人把自身及其全部的力量共同置于"公意"的指导下，在这种"公意"所约束的自由中，"人们的行动被赋予了前所未有的道德性。"② 而这种道德性，正是人的自我完善化能力的一部分。

弥合"个人"与"社会"、"肉体"与"灵魂"、"自由"与

① 卢梭：《论人类不平等的起源与基础》，商务印书馆 1962 年版，第 83 页。
② 卢梭：《社会契约论》，商务印书馆 1980 年版，第 29 页。

"统治"的分裂是人类思维长久的梦想。在卢梭的"德性"理想中，我们可以发现明显的"浪漫主义"传统。正如康德所说，卢梭的理论不是关于既存事物的理论，而是关于应有事物的理论。

一方面，卢梭的"德性"是先验的。在卢梭那里，自然、良知、自由与德性彼此相属。卢梭宣称，"取消了自己意志的一切自由，也就取消了自己行为的一切道德性。"[①] 按照卢梭的说法，自然意味着自由，自然人就是自由人。自然人具有天生的"良知"，德行就产生于这种自然的自由的"良知"之中。

另一方面，卢梭的"德性"是"纯精神"的。在卢梭看来，物理学能够在某种意义上解释感官的机械作用和观念的形成，但是在人的意志力或者毋宁说选择力方面以及对于这种力的意识方面，我们只能发现一些纯精神性的活动，这些活动都不能用力学的规律来解释。对于这种纯精神性的活动，卢梭推崇"直觉"。卢梭认为，人在推理的时候是聪明的，而最高的智慧则不需要进行推理。它不要什么前提，也不要什么结论，甚至连命题都不要。它纯粹是直觉，它既能认识已经存在的事物，也同样能认识可能存在的事物。

另外，卢梭的"德性"是"超越"的。卢梭完全不能同意启蒙主流所主张的"人们除了关心自己的利益，其他一切都没有什么关系"的观点，在卢梭看来，如果人的心中没有一点"德性"，那么，他就不会对英雄的行为那样崇敬，对伟大的人物那样爱慕。既然这种道德的热情同我们的个人利益没有什么关系，那么人们为

---

① 卢梭：《社会契约论》，商务印书馆 1980 年版，第 16 页。

什么愿意做自杀的卡托而不愿意做胜利的恺撒？"人们说，每一个
人都是为了他个人的利益才赞助公众的福利的。那么，为什么好人
要损自己而利大众呢？难道说牺牲生命也为的是自己的利益吗？"
在卢梭看来，对人的肉体生命这一人的利益赖以维系的绝对前提的
超越，才是道德成为可能的条件。因此，"德性"不取决于利益，
也无法被还原为利益，它是超越于"利益"之上的。

关于卢梭的启蒙"德性"方案，一直毁誉参半。但无论好坏，
卢梭都是关键性人物。康德曾把卢梭学说颂扬为人类思想的一个崭
新纪元，说它是前无古人的"我们时代的伟大发现"。卢梭的发
现，为我们描画了一幅以"德性"为特征的关于人类本性的深度
图景，他把人的内在之声与理解普遍善的传统方式关联了起来。
"卢梭是大量当代文化和自我探索哲学的起点，也是使自律的自由
成为德性的关键这一信条的起点，他是现代文化转向内在深度性和
激进自律的出发点。"① 康德正是在对卢梭的追随中，为我们内在
的善良愿望寻找到了"实践理性"的基础。

三、"普遍意志"为"德性"奠基

当启蒙主流醉心于"幸福"价值并对理性（认知理性）寄予
过高期望时，卢梭告诫世人，随着科学与艺术的光芒在地平线上升
起，我们的美德正在失去。因此，他呼唤在近代理性中失落了的人
的"灵魂"，提醒人们返回内在的"良知"。在卢梭这里，"良知"

---

① 泰勒：《自我的根源》，译林出版社 2001 年版，第 559 页。

不仅是对人的本能的超越，而且卓然独立于理智，"德性"的独立价值由作为人之天性的良知来甄定。

卢梭之所以提示人们在"前理性的"良知中体认"德性"，与他的"自然神论"信仰不无关系。在卢梭思想的至深之处，他始终相信，有一个意志在使宇宙运动，使自然具有生命。"我对人与宇宙的研究，处处都给我指示出那主宰着人与宇宙的终极原因与智慧。"① 在卢梭看来，宇宙的优美的结构和无与伦比的和谐，都来自这一至高的智慧之手。而具有自由意志的人所拥有的自由，也是一种"无法解释的实体"，因此，最终也是"上帝"所赐，它不证自明。

很显然，让"良知"独立于理性之外，除了隐藏在卢梭思想终端处的"自然神"的宗教信仰，更因为他看到了"德行"问题无法用"认知理性"解释的困难。于是，他将"德性"安排为独立于"理性"的另一种力量。

因为"神圣秩序"的崩溃，再经由休谟关于"价值"与"事实"的二分，人们已经普遍相信，要把道德原则的普遍有效性还原成与某种客体相对应的客观性，已在逻辑上被证明不可能。但是，如果因此就将"德性"的基础交给"天性"，这种基础无疑也是不堪一击的。

康德追随卢梭，在人的内在性中寻求向善的道路。"在某种意义上，康德是启蒙运动的典型和最杰出的代表。之所以说是典型的代表，是因为他相信无所畏惧的推理力量和社会制度变革的效果；

---

① 卢梭：《忏悔录》，人民文学出版社 1983 年版，第 369 页。

之所以说是最杰出的代表，是因为他的思想解决了启蒙运动中反复出现的一些问题，或以更富有成效的形式重新表述了他们。"① 与卢梭提示人们在"良知"中体认"德性"不同，康德试图以人的理性主体的概念，给"德性"寻求一个稳定的基础。作为启蒙运动中人，康德对"理性"同样深信不疑。只是，被启蒙主流所推崇的"认知理性"，在康德看来，只是理性的一个方面。康德承认，在"认知理性"指导下的"幸福"生活并没有错，启蒙功利原则的主要谬误，在于他们误解了引导一切的根本目的。因此，他同意卢梭，如果不植根于高尚的道德情感之上，任何良好的计划就只不过是幻觉和外表诱人的痛苦。

按照麦金太尔的分析，正是卢梭对普通人性的尊严的评论深深触动了康德。由此，普通人性的道德良心，作为一种"先验的、不变的道德要素"，成为了康德分析的对象。康德断言，除了善良意志之外，没有任何东西是无条件的善。健康、财产、理智等，只在得到妥善利用时才是善的，而善良意志本身就是善，它的唯一动机就在于为善良意志本身的职责而去尽责。问题是，这一职责如何呈现我们？对此，康德认为，善良意志本身职责的呈现，既不是出于利己的动机，也不是出于偏好产生的利他动机，它表现为服从对所有理性存在者具有普遍约束性的法则。

> 我可以意识到它是一些律令，这些律令向我发出命令时，我能够始终如一地希望所有理性存在者都遵从它们。真正的道

---

① 麦金太尔：《伦理学简史》，商务印书馆 2004 年版，第 251 页。

德命令的试金石是，我能否把它普遍化——也就是说，我能希望它是普遍的法则，或我能希望它是自然法则。……这些表述中"能够"的意思相当于"能够一致"，要求一致性是法则合理性的要素，人作为理性存在者而对自己颁布法则。①

善良意志、高尚的道德情感，在康德看来，仍然是理性的要求。换言之，道德律令不是从外界强加的，不仅在人的欲望中不能找到道德的基础，在宗教信仰中也找不到。它是理性自身命令的一部分，即康德所谓的"实践理性"。

（一）这种"理性"，要求人们按照普遍原则行事。也就是说，在"我"决定行动的时候，除非"我"的行为准则能被普遍接受，否则"我"绝不行动。"实践理性的要求就是一个人按原则行事。"②

（二）这种"理性"，是人的理性的真正产物。按照康德，仅仅从遵从欲望的支配上，根本无法体现人的理性自主，被欲望支配的人完全是"他律"的。而按道德律令行事，即遵从普遍律令的最终目标，则是遵照理性主体的真正本性。因为，康德认为，就理性的本性而言，它应该是普遍适用的。

（三）这种"理性"，因为指示我们按"普遍法则"行事，避免我们堕落为听从本能的欲求，它把人导向一种更"完全"、更"高级"、更有"深度"的自由。这种"自由"让人获得了一种作为理性存在物独一无二的"尊严"。按照康德的观点，自然中的一切都按

① 麦金太尔：《伦理学简史》，商务印书馆 2004 年版，第 256 页。
② 参见康德：《实践理性批判》，商务印书馆 2003 年版，第 17 页。

规律运行，只有理性存在物有能力按照对规律的把握，即按照原则行事。这就是说，自然中的其他一切事物，都盲目地服从规律。只有作为理性存在物的人服从他们自己阐发的规律。康德认为，只有这样，人才是真正自由和自我决定的，也因此是无与伦比优异的。

在康德这里，一个真正的道德律令，必须是能够一致性地普遍化的律令。正是在此意义上，康德把道德命令称作绝对命令，它与假言命令不同，后者可以引入条件，而绝对命令却是无条件的。有理性的存在者对他自己发出道德命令，他所服从的不是别人，而是他自己。

至此，康德为卢梭所创始的"德性"根源的主观化和内在化提供了一个坚实而崭新的基础。道德律令来自内部，它不再由外在命令所界定。同样，倘若人们企图在幸福的概念中，或者在满足人的欲望与需要中，寻找评价道德律令的标准，也将误入歧途。道德律令不是由"我"的本性冲动来决定，它只是理性的"属性"，准确地说，"德性"由实践理性的程序来界定：

> 康德为我们之内的善良愿望寻找到了一个基础，它完全离开自然的欲望，转向我们作为理性代言人的身份……在此，我们返回了启蒙运动的观点——正是理性的发展才使得这个愿望有效用。然而，它现在不再是改变我们的工具性的理性，而是普遍性的要求。①

---

① 泰勒：《自我的根源》，译林出版社 2001 年版，第 639 页。

在启蒙话语中，康德无疑获得了比卢梭多得多的"认同"。正如查尔斯·泰勒所说，康德仍然是在"理性"的框架内，赋予启蒙以新的定义——启蒙不仅意味着人的幸福的推进，也意味着自我负责理性的提高。在康德这里，取代卢梭天然"良知"的，是某种更接近于普遍原则的东西，而人自身就拥有达及这种"普遍意志"的能力。这种能力构成人作为理性存在标志的重要组成部分，人也在走向"自我负责的理性"的过程中释放他们全部的自由和力量。

康德的"信念"是启蒙遗产的一部分，他试图以完全的理性主体概念，赋予"德性"一个更为清晰、稳定的基础。但说到底，这个基础就其"内容"而言，仍然是脆弱的。尽管康德为论证他的"普遍意志"倾注了无限心血，但他还是很难让人们相信"普遍理性"的确实存在。人们普遍认为，倘若"普遍意志"真的存在，那就不会在道德问题上产生如此多的争议，人们只需按照那个普遍理性来规定道德，一切就迎刃而解了。

就像卢梭所遭受的批评，这里的问题同样在于，它试图把想象的"应然"完全运用于生活。人类认识的历史告诉我们，越具普遍性的原则，有时离常识越远。幸运的是，普遍原则在生活中的有效运作，并不完全依赖人们对它的理论上的自觉。

因此，对由卢梭、康德所开创的启蒙"德性"传统的理解，重要的还在于"方法"。换言之，我们不单单是看卢梭、康德们如何解决个人与共同体之间的冲突，而是看他们如何看待这种无法一劳永逸解决的对立。康德自我称许的"哥白尼式的革命"，其实主要是就一种全新的思维方法而言的。

第三节　培育"好公民"爱弥儿

当启蒙主流把"幸福"作为人"应然"追求的时候，卢梭用他的"不和谐音"，成就了启蒙时代最美的合奏。他"倾听"人的自然之声，发现了人的内在"天良"。他"返回"人的内在本性，唤醒了人之为人的"德性"神圣。在卢梭看来，唯有道德的自由才使人类真正成为自己。卢梭关于人的内在本性的学说，被康德誉为——像牛顿揭示了外在世界的秩序与规律一样——是一项前无古人的时代伟大发现。

按照卡西尔，是卢梭向康德昭示了一个全新的生活历程。其实，卢梭的影响远不止于康德，他为启蒙开创的整个现代性进程标注了专属于卢梭的"一瞬间"。在"卢梭的瞬间"，他提示我们，世人孜孜以求的文明进步，其实与人类的幸福梦想南辕北辙。在"这一瞬间"，由于"德性"观念的"渗入"，每个人不仅是自己所受侵害的"裁判者"，更是"报复者"。换言之，卢梭用"自然"对抗"文明"，不是为了向"自然"的返回，也不仅仅是"文明"的颠覆。整个卢梭思想的深层运思是：诉诸不可企及的"自然"基准，是为了彻底的"批判"，而彻底的"批判"又是为了彻底的"重建"。

正因为如此，卢梭认为《爱弥儿》是他本人最重要、也是最能体现他的书。《科学与艺术》主要揭示了科学与艺术的复兴对人德性的败坏，《论人类不平等的起源和基础》旨在召唤人们第一次倾听自己真实的历史，而《爱弥儿》则是拯救被败坏了的人性，重新培养理想"新人"的积极尝试，它是卢梭重构启蒙现代性的一个重要方案——人需要能使其回到自我而获得诊治的教育。

尽管卢梭本人在《忏悔录》中也曾多次表白《爱弥儿》是他最好的、最有价值的一部作品，《社会契约论》仅是《爱弥儿》的一个附录，但在卢梭的所有著作中，这本书并没有获得与卢梭所言相配称的"青睐"。按照布鲁姆的分析，其中的原因可能部分归咎于它表面呈现给读者的"文学的"、"小说的"、"故事的"，甚至包括类似于"育婴手册"之类的写作方式。但对卢梭而言，他正是希望通过"语言的象征性表达"——寓言、比喻、传说等——避免同时代人总是诉诸太多冰凉理性的倾向，为人类提供开启智慧和幸福之谜的钥匙。对此，布鲁姆为我们指点迷津，《爱弥儿》堪称一本可在生活中与我们相伴的书。但只有在它变得更深刻时，它才更为奥妙无穷。①

康德曾把《爱弥儿》的出版看成可以与法国大革命相提并论的事件。按照布鲁姆，《爱弥儿》不仅为我们提示了现代思想的两个重要特质，即对回归个体自我的热切盼望，以及对自我异化的极端仇视。更重要的是，《爱弥儿》是通过重整人之欲求的出现次序将和谐复归到世界上的伟大试验，它的方式就是通过协调历史与自然、人的自私天性与文明社会的要求。而调和这些欲求之间的冲突与不协调，最终实现人的整全、统一的任务，卢梭将之托付给——教育。在卢梭看来，所有一切有益人类事业中首要的一件，就是教

① 参见布鲁姆：《巨人与侏儒》，华夏出版社 2003 年版，第 226 页。

育。人类出生之时所没有而在长大后所需要的东西，全都由教育赐予。

弥合"自然"与"社会"的分裂是爱弥儿作品中的严肃主题，爱弥儿既是幸福的"自然人"，又是社会中的"好公民"，他既自由又有德性，是个人意志与公共意志可能结合的完美体现。

一、作为"自然人"的爱弥儿教育

卢梭将爱弥儿的全部教育，以十五岁为界，分成两大部分。爱弥儿的早年培养，主要是指从爱弥儿出生到十五岁时的这一阶段。这期间的爱弥儿是自然状态中的孤独者，它处于文明社会之外，不受人们的行为或意志左右。他只关心自己，独立自足，没有违背其意愿因而使他分裂的义务强加他。他唯一挂念的是他自己的安危舒适，其他所有的力量都服从于这些目的。爱弥儿看到的世界既没有神也没有英雄，他的感觉的作用和它的欲望的召唤就是他的权威。"自然"与此时的爱弥儿如影随形。

对于年轻的爱弥儿的教育，在卢梭看来，唯一应该遵循的就是"自然的秩序"。为此，卢梭阐述了一系列遵循"自然秩序"的教育"准则"，设计了周详具体的遵从"自然秩序"的教育方案：

第一，让爱弥儿在真正属于"自然的"环境中接受教育。按照卢梭的理解，教育的根本并非像洛克所认为的那样，是为了培养孩子一种好的社会习惯，而是要趁早给孩子的灵魂周围筑起一道围墙，以免孩子被那些违反自然的社会习惯所侵害。因此，卢梭对年轻的爱弥儿的教育限于扶持和保护与他直接相关的能力的发展，他驱逐了所有在社会中看起来真实而实际上只是人为制造的想象物，最多只把《鲁滨逊漂流记》给了爱弥儿，而"鲁滨逊"不是他人，只是爱弥儿自己。

> 一个男孩独处荒岛，他不会去想不存在的事物和地方，他不会遇到他必须屈从或与之一争高下的英雄。他顺从那些属于他的经验的一部分的必然性，……全力以赴地思考他需要什么以维持生存并如何获取这些东西，它们与重要的事情息息相关，而支配俗常教育的恐惧、报酬和虚荣则纯属多余……自然将总是与他为伴，不是作为教条而是作为他的感觉的一部分。……这本书不只是给爱弥儿一种无害的娱乐，而是给他提供一种观察整体的视野和判断人和事物的标准。①

在卢梭看来，出自造物主之手的东西，都是好的，而一到人的手里，就全坏了。"出自人之手的"城市被卢梭看做是坑陷人类的深渊，"必须使人类得到更新，而能够更新人类的，往往是乡村。"② 在乡村，婴儿爱弥儿可以自然地使自己恢复他在人口过多的地方的污浊空气中失去的精力。于是，卢梭把他的婴儿爱弥儿送去乡村，以便尽早为爱弥儿的灵魂周围筑起一道围墙，让爱弥儿在乡村生活的无拘无束的环境中长大。

"乡村生活"是卢梭逃离"文明社会"的完美想象，在这儿他

---

① 布鲁姆：《巨人与侏儒》，华夏出版社 2003 年版，第 230 页。
② 卢梭：《爱弥儿》（上），商务印书馆 2001 年版，第 5 页。

把自然从人造的事物中剥离开来。布鲁姆认为，当教育者让-雅克·卢梭给了他的学生第一本也是唯一的一本他应当在刚刚成年前阅读的书——《鲁滨逊漂流记》，卢梭的意图已经最清晰、最充分地体现出来——那就是让爱弥儿处在一个与世隔绝的"自然"境地，使他免于社会桎梏而保持内在自由。

第二，让教育和爱弥儿的生命一同开始。卢梭认为，对有感觉有生命的生物来说，所有一切都是教育。人的教育在他出生的那个时候就开始了，在能够说话和听别人说话以前，爱弥儿就已经受教育了。"教育是随生命的开始而开始的，孩子在生下来的时候就已经是个学生，不过他不是老师的学生，而是大自然的学生。"① 老师只是在大自然的安排下照料他、观察他、跟随他。因此，教育不能被理解为一种有关人的自然成长规律的科学，教育中我们所能做的，只是尽可能依据人的内在条件，而辅之以有效的外在条件的控制，让孩子不悖其自然地生长。在卢梭看来，要使教育计划本身可接受和能实行，只需要它的好符合事物的自然。人们所提出的教育方案，只要它适合于人，并且很适合人心就行了。

第三，让爱弥儿得到与其年龄相称的教育。卢梭认为，在万物的秩序中，人类有他的地位，在人生的秩序中，童年有他的地位。"大自然希望儿童在成人以前就要像儿童的样子。如果我们打乱了这个次序，我们就会造成一些早熟的果实，它们长得既不丰满也不甜美，而且很快就会腐烂。"②

---

① 卢梭：《爱弥儿》（上），商务印书馆 2001 年版，第 46 页。
② 同上书，第 91 页。

对婴儿期（出生到二三岁）的爱弥儿来说，教育的主要任务就是身体的养育，注意发展他的感官，帮助他们去使用大自然所赋予的各种力量。儿童时期（三到十二三岁）是理性睡眠期，他所接受的只是感觉印象，感觉教育是这一时期的主要内容。对于人与人之间的关系以及类似人类行为是非的概念，不是这个阶段的任务，应该尽可能避免。卢梭反对洛克用理性教育孩子的思想，认为这种教育，打乱了自然的秩序，最终只会造就出一些年纪轻轻的博士和老态龙钟的儿童。到了少年期（十二三岁到十五岁），爱弥儿已经有了理性发展的条件和要求，从前他只能发生感情，现在他能思索了，智育和劳动教育成为这一阶段的主要内容。而到了十六岁以后，教育的任务就是教他如何在一个社会上生活。

如此，按照他所在的年龄给以相配称的教育，爱弥儿才能达到在每一个年龄所能达到的圆满。

第四，让爱弥儿使用自然赋予他的一切力量，同时把欲望限制在他力所能及的范围内。卢梭认为，自然自有一套增强孩子身体和使之成长的办法，因此，对爱弥儿一切的身体的需要，不论在智慧还是体力方面都必须对他进行帮助，弥补他的不足。在卢梭看来，本性的最初的冲动始终是正确的，在人的心灵中根本没有什么生来就有的邪恶，任何邪恶我们都能说出它是怎样和从什么地方进入人心的。因此，为了保持爱弥儿的生存和幸福，教育首先应该对爱弥儿的一切原始情感尽责。

但是，在给爱弥儿以帮助的时候，应当只限制在他真正需要的时候，绝不能依从他的胡乱想法和没有道理的欲望，因为这些胡乱想法并非出于自然。在卢梭看来，人痛苦的成因不在于缺乏，而在于对那些东西的欲望。事实上，人越是接近他的自然状态，他的能力和欲望的差别就越小。只有在原始的状态中，能力与欲望才获得平衡。真实的世界是有界限的，想象的世界则没有止境。卢梭告诉人们，我们既不能无限地扩大一个世界，就必须限制另一个世界，减少那些超过我们能力的欲望，使能力和意志两者之间得到充分的平衡，由此，心灵才能保持宁静。

> 人啊，把你的生活限制于你的能力，你就不会再痛苦了。紧紧占据着大自然在万物的秩序中给你安排的位置，没有任何力量能够使你脱离那个位置；不要反抗那严格的必然的法则，不要为了反抗这个法则而耗尽了你的体力，因为上天赋予你的体力，不是用来扩充或延长你的存在，而只是用来按照它喜欢的样子和在它所许可的范围而生活。你天生的体力有多大，你才能享受多大的自由和权力，不要超过这个限度，其他一切全都是奴役、幻想和虚名。[1]

真正自由的人，只想他能够得到的东西，只做他喜欢做的事情，这是卢梭所谓的第一基本原理。这样，遵循"自然秩序"的教育使得爱弥儿直接接触自然，免于社会的桎梏。卢梭这样描画他用自然方法制造出来的"产品"："他对别人无所求，也不认为他会从别人那里得到什么。他在人类社会中是独自生活的，他所依靠的只是他自己。他比任何人都更加依靠自己，因为这就是他在这个

---

[1] 卢梭:《爱弥儿》(上)，商务印书馆 2001 年版，第 79 页。

年龄所能做到的全部……用不着去打扰别人，他就可以在自然允许的范围内满足、快乐和自由地生活。"① 经过了"自然的教育"，爱弥儿身体健康，四肢灵活，内心健全没有成见，他是独自的也是自足的，十五岁的爱弥儿，"以他信任的健康感觉构成的坚实地面和天文学所提供的大棚"，② 在文明社会之外找到了他性情和理智的立足点。

二、培育"新公民"爱弥儿

随着年龄的增长，到了十六岁，进入爱弥儿教育的第二个阶段。这一阶段，是卢梭所谓的人的第二次降生，也是对爱弥儿施行教育的真正开始。按照卢梭，教育根据其来源，可分为三类：第一种教育受之于自然，人的才能和感官的内在发展，主要源于此。这种教育完全不由人决定，我们只能跟随于它。第二种教育受之于物，主要指从影响我们的事物中获得的经验，这种教育部分由我们决定。第三种教育受之人，这种教育就是别人教我们如何利用才能和感官的内在发展，这是我们能够真正加以控制的教育。③

卢梭心目中最完美的教育，是这三种教育相互一致、朝向一个共同的理想。十六岁以后的爱弥儿，将在"人的教育"、"事物的教育"与"自然的教育"的完美结合中，朝向成就"新公民"的目标。

---

① 卢梭：《爱弥儿》（上），商务印书馆 2001 年版，第 208 页。
② 布鲁姆：《巨人与侏儒》，华夏出版社 2003 年版，第 237 页。
③ 参见卢梭：《爱弥儿》（上），商务印书馆 2001 年版，第 7 页。

与"自然人"爱弥儿的教育不同，"新公民"爱弥儿的培养，主要遵循的是"社会的秩序"。在卢梭看来，"自然人"爱弥儿的教育，由于主要限于扶持和保护与他自己直接相关的能力的发展，是一种"消极教育"。在"消极教育"中，教育者的职责在于使感觉依循其适当的目标得到发展，学生对于科学的学习，也只是运用感觉的自然结果。而现在，伴随爱弥儿成长出现的一些"新因素"及其带来的"干扰"，需要另一种"人为"的"积极"教育的出现。

爱弥儿的自然进程从十六岁起开始发生变化，这个时期，爱弥儿的各种欲念开始成长。这些欲念，特别是自私的发展，与各种其他欲念混杂在一起，改变了爱弥儿的判断及其对世界的理解。

自私是人们分裂的真正渊源，是人们脱离无忧无虑的自然状态的始作俑者。在卢梭看来，自私，是作为人之自然本性的"自爱"的双重化的结果。卢梭认为，为了保持自我的生存，我们必须爱自己。自爱是一切欲念的本源，是我们终身不离的欲念。但是，自爱和自私不同，"自爱心所涉及的只是我们自己，所以当我们真正的需要得到满足的时候，我们就会感到满意；然而自私心则促使我们同他人进行比较，所以从来没有而且永远没有也不会有满足的时候。"[①]

正是自私从自爱中的分裂而出，阻碍或扭曲了爱弥儿的自然进程。从此，爱弥儿的自然自足的自爱让位于一种被他人评论所左右的"自爱"，进入了一种将占据他全部人生的主奴辩证法：一方

---

① 卢梭：《爱弥儿》（上），商务印书馆 2001 年版，第 290 页。

面，自私带来了怨恨、发怒、报复、嫉妒等许多"自然人"所没有的复杂情感，而且几乎不可避免地导致了人类的相互倾轧。另一方面，自私也意味着人的意识和想象力不再局限于自我，从而使得道德的出现成为可能。事实上，当个人的意识仅限于自我的时候，道德根本无从谈起。而自私的情感，第一次使得他人的存在进入了"爱弥儿"的视线。而意识到他人的存在，也进一步强化了他的"自私"。

卢梭在"自私"中发现了包含着伙伴情感的"同情"。"积极的人类同情需要自我保护本能之外的想象与自私。"① 按照卢梭，在十五岁之前，爱弥儿对他所经历事情的意义一无所知。而现在，当他开始敏感于对别人的情感，以及在对他人（包括异性）的需要里，他的想象被唤醒，他意识到他们都和他相像。在自私不可避免的同时，爱弥儿第一次意识到他是人类中的一员。

自私的出现来自与他人的比较。如果这一比较对他不利，他就会不满并嫉妒他人；而如果这种比较对别人不利，他就会感到满意。因此，卢梭认为，别人的好运常常会让我们心生不快。只有当一个人看到他认为比他幸福的人，自私才可能是异化的。换言之，如果他想到别人身上的不幸可能发生在他身上，他就会对受苦者表示同情。

这就意味着，自私的情感可以经由"适当的"的选择，使得爱弥儿既自己满意同时也能关心别人。于是，对这个时期的爱弥儿的教育，卢梭让他首先面对"痛苦"或"贫穷"的他人。因为，

① 布鲁姆：《巨人与侏儒》，华夏出版社 2003 年版，第 241 页。

在别人所受到的伤害中，一方面，爱弥儿以一种弱化的方式去体验痛苦，他会对别人感到同情；另一方面，由于意识到是另一个人受苦，而不直接是他自己，他又感到满意。而且，爱弥儿可以通过帮助身处困境的人显示自己的力量和优越，并因此感到自己的善良。

自私作为一种天然的欲念，一定程度上它是对他人关切的真实前提。卢梭在自私的情感里，发现了对他人的关心。基于自私的"同情"，被卢梭看做是使得人们结合在一起的最初的黏合剂。

但是，完全建基于自私情感中的"同情"，其有效性是值得怀疑的。我们经常面对的，不可能都是能唤起我们同情的"弱者"，事实上，意志与意志的冲突，愤怒对抗愤怒更为常见。自私的情感包含着同情，也同时包含着同情的削弱。按照施特劳斯，自然状态中所发生的具有决定性意义的转变，就是同情心的削弱。作为此种发展过程的结果，自我保存变得日益困难。于是，自我保全就要求有某种人为的替代品来取代自然的同情心。最终，伴随着爱弥儿的成长而产生的自然欲望与社会责任之间不可回避的紧张，要求通过缔结并遵守某种社会契约来达到某种"和解"。

对于爱弥儿，这种契约首先是一种因为"爱"而必须面对的婚姻责任。在卢梭看来，婚姻是人类历史中制造出的"自然欲望"与"社会责任"存在紧张的最好例证，因为在婚姻的责任里，自然的欲望一直潜伏其中。因此，卢梭试图在爱弥儿身上实现两种情感的完美结合，既不压抑爱弥儿的自然欲望，又把自然的欲望转变为对婚姻责任的自愿服从。与苏菲相遇相恋之后的分离，是卢梭教给爱弥儿在"喜好"与"意志"之间的第一次区分。

面对自己深深爱恋的苏菲，却选择分离，这是卢梭爱弥儿教育中的关键性转折。对于年幼的爱弥儿，卢梭让他总是做他愿意做的。而现在，尽管爱弥儿还是做他愿意做的（离开苏菲仍然是爱弥儿自己的决定），但他却是愿意做卢梭（教育者）希望他做的。按照布鲁姆的说法，卢梭的决定性一步是把外在的权威转化成内在的。

对于卢梭（教育者）发出的"命令"，爱弥儿没有反抗而是顺从，而且他的顺从不是出于恐惧，它以"同意"为基础。一方面，对爱弥儿而言，他只是在履行自己曾经向老师作出的许诺——如果老师在爱情的问题上给他指导，他同意接受老师的建议；另一方面，爱弥儿相信教育者"卢梭"充满仁爱并关心他的利益——一种他能理解的利益，而不是出于其他人可能的愿意。当一种"服从"能够与想象到的自己期望的幸福密切相关，原本属于"他律"的"命令"，此刻因为爱弥儿的内在意愿，获得了有效的合法性支持。爱弥儿在深刻体验"意愿"与"义务"的冲突的同时，已经具备了成为"好公民"的可能。

在这里，卢梭教导给爱弥儿的，是他一生中所要履行的所有其他契约的开始。"要怎样才算一个有德性的人呢？一个有德性的人能够克制他的情感。因为，只有这样，他才能服从他的理智和良心，并且能履行他的天职，严守做人的本分，不因任何缘故而背离。"[①] 爱弥儿对苏菲、对家庭的责任被进一步引向对社会的责任。作为个人意志与公共意志的最好体现，教育者卢梭将通过"社会契约论"的教育使得爱弥儿成为某个政治制度的好公民。

———————————

① 卢梭：《爱弥儿》（上），商务印书馆 2001 年版，第 168 页。

卢梭清楚明确地界定了其自由概念的特别意义与真正的根本意义。对他而言，自由并不意味着随心所欲，而是指克制和摒弃一切随心所欲，是指服从于个体为自身所设立的严厉而不可侵犯的法则。决定自由的真正特性的，不是拒斥或免除这一法则，而是自由地同意他。而这种特性是在公意，即国家的意志中实现的。①

"公意"是卢梭最著名的创造。在卢梭看来，要想祛除个性与社会、自由与义务之间的紧张，个人必须使自己的意志仅仅想望"公意"。卢梭所谓的"公意"，是指共同体中每个人的"共同利益"或"共同意志"，即"个别意志"之间相互抵消之后所剩的共同意志，它是在个别意志的基础上提升出来的。按照卢梭，虽然个体的意志，就其本性来说，总是倾向于偏私。但是，人的理性又在于能够普遍化。因此，拿"我们要"来代替"我要"，乃是合理性的人的标志。虽然加入共同体使人类被剥夺了原来在自然状态中所拥有的一些便利，但是迈出了这一步，他也使自己的能力得到巨大发展。一个社会，如果它的成员都向往那些普遍的东西，这个社会就能解除一切人对一切人的战争状况，一个共同担当、意志和谐的共同体也就是可能的。卢梭的"公意"概念主要包含如下内容：

第一，虽然个人的真实意志与共同体的意志具有统一性，但是实际上，他们完全一致的情况十分罕见。"因为个别意志的本性总

---

① 卡西尔：《卢梭问题》，译林出版社 2009 年版，第 48 页。

是倾向于偏私,而公意总是倾向于平等。"① 第二,公意不仅不能脱离个别意志而存在,反而正是通过这些个别意志间的矛盾和冲突才使公意得以形成。共同利益,没有每个人的利益间的对立是很难被感觉到的。第三,公意永远是公正的,它按照社会契约的目的来指导共同体的各种力量。第四,公意具有像物质力一样的必然性,不可摧毁,稳固不变,它不会也不可能因为个别意志的变化而发生改变。第五,公意关联着共同的生存与公共的幸福,在公意的力量下,"国家的全部精力是蓬勃而单纯的,它的准则是光辉而明晰的,"② 公意就是公共的善。第六,公意最终趋向的仍然是自然的目的,它要求的是社会中的自然人,人在"公意"面前,既没有被贬低,也没有被剥夺属于人的自由。

按照布鲁姆,卢梭关于"公意"的创造,使得人们第一次发现自己处在一个"有趣"的处境中:公意并没有改变人的分裂性,但是这种分裂的性质却发生了变化。它不再被感受为自我与他人、内在与外在的对峙,而是表现为从个人的特殊"欲望"向"公意"之间的过渡。而对"公意"的服从,正源自于卢梭所发现的人的德性本质。不同于启蒙主流把人之本性归结为功利计算,卢梭认为,基于德性所导向的普遍性欲求,是更高贵、更深刻的理性形式。"公意"在其直接性上虽表现为对自然的"改造",但是,在卢梭看来,它却是对人自然本质的最好最稳妥的保存。对公意的遵从真正体现了人的尊严,只有在一个善好的社会里人的尊严才可能

---

① 卢梭:《社会契约论》,商务印书馆 1980 年版,第 32 页。
② 同上书,第 131 页。

得到鼓励和保存。

从服从个别欲望的"野蛮人"到遵从公意的"好公民",教育的"职责"就是建造一座沟通两者的桥梁。按照卢梭,好的教育就应该是:知道如何才能够最好地改变人的天性,如何知道剥夺他的绝对的存在,而给他以相对的存在,并且把"我"转移到共同体中去,以便使各个人不再把自己看做一个独立的人,而只看作共同体的一部分。①

但是,无论卢梭怎样"设计"、怎样论证,在个人与公意之间,鸿沟却是始终存在的,人的灵魂并不天生具备个人与公意和谐相处的自然秩序。卢梭的爱弥儿教育,其真实意图就在于将个人的不和谐、不一致的欲望融入"公意"所期望的秩序当中。尽管卢梭声称,人们必须致力于"力量的总和"同时又不妨碍、不忽略自己,但事实上,按照吉尔丁的说法,卢梭所承诺的只是如何使这些枷锁合法化,"人,无论是统治者还是被统治者,对他们来说,合法奴役是政治社会不得不提供的最好东西。"②

因为自然状态中的爱弥儿,不可避免会遇到许许多多不利于他生存的障碍,所以,爱弥儿被教导要服从于某种契约。这种契约要求每个人把自己全部地奉献出来,毫无保留地转让自己的权利。同时,由于每个人既然是向全体奉献自己,他也将受到共同体联合力量的保护,最终在这种联合中他获得了社会中的自由。这种自由使得他第一次成为真正意义上的个人,自主的人格只在成了被"公

---

① 参见卢梭:《爱弥儿》(上),商务印书馆 2001 年版,第 11 页。
② 吉尔丁:《设计论证:卢梭的〈社会契约论〉》,华夏出版社 2006 年版,第 11 页。

意"约束的人的意义尚才得以产生。

不同于启蒙主流期望从自我利益中产生出遵守市民社会法则的义务，卢梭期待于人的非文明状态的保持与人的道德心智的独立的完美融合。在爱弥儿的两次降生中，源于第一次降生的教育通过自然的必然性限定其感觉的范围，从而造就出一个健康的感觉系统来承担第二次降生。这种仅处于自然必然性的端正品性，不是知识上的积累，也不是出于理性的意识，而是一种卢梭意义上的"非文明化状态"的保持。这种保持，在卢梭的理解中，是现代意义上自我保持的根本，也是构建一个现代完整之人的基本要求。同样，尽管一个人在进入社会时放弃了他作为一个孤立的人所享有的各种权利，但是经过这个过渡，他的能力发展了，他的观念被唤醒了，他的情感升华了，"他从一个愚昧的、局限的动物一变而成为一个有智慧的生物，一变而为一个人。"① 在这种公意所约束的自由中，人类收获的是道德的自由。而唯有道德的自由，才使人类真正成为自己。

第四节 "爱弥儿教育"的局限

《爱弥儿》是西方文化的一个里程碑。在卢梭的爱弥儿教育中，卢梭把自己打扮成上帝的使者，守候着人类精神的殿堂。面对爱弥儿，他隐讳而又精微地阐述了现代世界"教育"的困难。在

① 卢梭：《社会契约论》，商务印书馆 1980 年版，第 30 页。

卢梭看来，古典时代的世界充满了神和英雄的宏伟事迹所赋予的意义，但在现代世界，这一切都被启蒙剥除了意义。大地不再居住着神灵，没有任何力量支持着人们的渴望，人类只有诉诸武力或利诱影响彼此。卢梭在他的第一篇哲学论文中描写了这种精神状态：

> 我们的风尚里流行着一种邪恶而虚伪的一致性。每个人的精神仿佛是在同一个模子里铸出来的，礼节不断地在强迫着我们，风气又不断在命令着我们；我不断地遵循这些习俗，永远不能遵循自己的天性。①

卢梭认为，正是这种力量挫败了一切独立、一切自由、一切判断的原创性与生动性。现代人一直生活在自身之外，只知道在别人的意见中，通过一种辗转间接的方式，通过围绕在别人意见周围，拼凑出自身存在的意思。现代人没有可以沉思的美的对象，只有心灵的平庸。因此，卢梭希望在爱弥儿身上重现的，正是那些被驱逐了的使人走向高贵的"诗意"和"创造"。

按照布鲁姆，卢梭在观察人的时候所达到的广度和深度，是我们这个时代的绝大多数人明显缺乏的。卢梭给我们中的大多数人的灵魂种下了对自由和德性的渴望，尽管这一渴望不那么容易得到满足。

卢梭所关切的大部分内容都落在了那些使生命变得有价值

---

① 卡西尔：《卢梭问题》，译林出版社2009年版，第40页。

的东西上面，而不是那些威胁到生命的东西，他从肯定的方面、而非否定的方面取其方向。他从我们现代人所认为的那些于人为真的东西出发，却努力去描绘并恢复生存的根本的甘美，在这方面他超越了他的前辈们。这或许使事情变得复杂了，但对于所有那些寻求善的人们来说，却是无法抵抗的。①

　　然而，当"自然人"在卢梭那里只是一种理想状态的"抽象的人"，是人的历史和经验世界的一个绝对限度，而不是一个人的生命历史渐次发展的目的，这就意味着，一切教育的基础都必须统合于"自然人"的基础，统一服务于"自然"这一目的。具体而言，就是卢梭所谓的"物的教育"和"人的教育"都必须配合"自然的教育"，即以"自然"的内在要求为主导，用"否定性的方式"来统领其他两种教育。

　　对卢梭而言，"否定性教育"包含两个方面含义：一方面是依靠人的内在自然对外在社会予以"否定"，从而使得人的所有社会习得都尽量符合他的内在状况，这是卢梭所说的"教育成一个人的教育"；另一方面是将他作为个体的自然前提予以否定，代之以一个公共的"大我"，即共同体的生命和意志，这是卢梭所谓的"教育成一个公民"的教育。问题在于，这两种教育目的及其所可能形成的相互矛盾的教育制度之间，我们该做何选择？或者，我们能否将这两重目的结合为一个单独的目的，通过肯定个体自然的方式来实现否定他的个体自然的目的，从而建立"人"与"公民"

――――――――――
　　① 布鲁姆：《巨人与侏儒》，华夏出版社 2003 年版，第 223 页。

之间的联系？

卢梭本人清楚地看到了个人与公民社会的要求之间存在着的不和谐，他的《爱弥儿》着意解决的正是这一问题。但是，卢梭没有遵循上述两条极端的路径来寻求解决之道，也没有使用纯粹理性的方式来表达他的思想，他重申"语言富有想象力的象征意义"，以一种极富寓意的温和笔触勾画了一个孩子由出生到长成，由自然到社会的成长轨迹，并试图将人的解救诉诸两条互不冲突的圆融路径。

在第一种方案中，卢梭主张个人从外在于他的所有事物中隐退，通过使自己沉入"对存在的感悟"中，从而在人道的层面上达到对"自然状态"的无限接近。在卢梭看来，倘若一个人除了"对存在的感悟"，驱除掉其他所有的情愫，他就享有了神一样的自足——从完全是他自己、完全属于他自己中得到了一种真正的自由。

> 在人道的层面上返回自然状态的想法，乃是要求从社会中获取自由（不是为了某种东西的自由）的在观念上的根据。它是一种观念上的根据，使得人们由社会而诉诸某种不明确的、也不可界定的东西，最终诉诸个人自身所具有的最终认可。因为一切为着某种东西的自由…必定会限制自由。①

卢梭在这里所看重的自由，是一种和"灵魂"相关的道德自

---

① 施特劳斯：《自然权利与历史》，三联书店 2003 年版，第 300 页。

由。卢梭宣称，道德自由存在于一个正直的灵魂或者由这些正直灵魂结合起来的团契中，"因为它尽可能地让人摆脱实际生活的变幻无常，让人不再受制于他者和偶然性的时反时复，不再仅仅是事件的或心灵盲目意向的玩物。"① 所以，只有道德自由才能使人真正"把握自己"。

在《卢梭审判让-雅克》的第一次对话中，卢梭这样描述自己：从友谊的甜蜜神话中醒悟过来，发现所有的社交都不过是虚幻。我退回到自身之中，在与自己和自然相处时，我品尝到无穷无尽的甜蜜……这个时代里那些幸福之人的哲学一直不为我接受，它不是为我预备的，我所追求的哲学更适宜于心灵，在逆境中给人更多慰藉，并且更加鼓舞人朝向德性。②

"卢梭是察觉到这种新生命的第一人，也是唤醒他人心中这种新生命的第一人。在他自己心中，这种感情来自自然的水乳交融，从他精神自觉的第一次觉醒开始，他就一直培育着自然。……卢梭沉浸于自然的内在生命中，在这当中，他发现了一种永不枯竭的幸福的新源头。"③ 然而，当卢梭将善的生活定义为朝向"自然状态"的回归，必然会因其"自然状态"的理想的含混性导致这样一个结果：个人所要求的自由，因为缺少任何明确的人道的内容而带有了"抽象的"意味。卢梭眼中作为最完美的合理性根据的"含混性"、"抽象性"，正是卢梭式的自然状态及其自由概念作为激励人类的目标的根本缺陷所在。

---

① 刘小枫等主编：《卢梭的苏格拉底主义》，华夏出版社 2005 年版，第 119 页。
② 参见卡西尔：《卢梭问题》，译林出版社 2009 年版，第 77—78 页。
③ 卡西尔：《卢梭问题》，译林出版社 2009 年版，第 77—78 页。

在另一种方案中，卢梭试图诉诸一种"公意至上"的共同体——即每个人把自身及其全部的力量共同置于公意的指导下，以重新获得社会自由和道德自由。虽然卢梭不忘以个人的需要顺应于所结合的整体的需要来确认个人仍然享有自由，但实际上，这种社会的自由只是个人结合在全体之中的集体的整体自由，个人所达到的也只是整体划一的社会道德同一。"任何人拒不服从公意的，全体就要迫使他服从。这恰好就是说，人们要迫使他自由。"① 在此状况下，公意至上的共同体的强制性不言自明，个人的自由失落可谓在劫难逃。按照柏林，卢梭使得启蒙运动的最重要的努力和成就重又笼罩了不祥之兆，它使现代人凡俗而切近的幸福再度变得遥不可及。

无论是诉诸"对存在的感悟"还是"公意至上的共同体"，卢梭的爱弥儿教育不可避免地体现为一种"道德乌托邦"的构想。如卢梭自己所说，《爱弥儿》与其说是一篇关于教育的专论，不如说是通灵者对教育的幻梦。它所期望的是以道德教化来救赎人心中的天赋良知，通过公意的引导和教育的回归，重新在人的身上培养出原始的道德直觉，最终实现从道德人到道德共和国的过渡。而这一教育的根本要点在于，它确认了"自然之好"的先验基础，教育就是伴随着孩童的生理和心理的发育，让"自然之好"依次转化成为内在于他身心的德性，并进一步为他成为公民做准备。

在此意义上，"自然人"的设定乃是一种"神的旨意"，教育则是一种从"人的条件"出发来顺应神意的实践。这就像作为导

---

① 卢梭:《社会契约论》，商务印书馆 1980 年版，第 29 页。

师的让-雅克：他既在家庭这种形式中承担和继承着作为父母的全部权利；又是一个有着崇高灵魂的人——通达自然之灵，是自然的使徒；同时他还是最好的玩伴，能在分享快乐中赢得爱弥儿的信任；他与爱弥儿，既是父子、师生、朋友，同时也是"统治者"与"被统治者"的关系；他担负着的是一件前无古人、后无来者的工作。

> 这个唯一的人，是一个孤独者，一个通晓神意的预言家。他关于纯粹教育的讨论，并不是一种迈向真实的教育，更不是所谓的人的科学。因为它已经潜在地预订了人的秩序，教育的唯一真实性，仅仅在于通过人的世界，即社会中的磨难来让神意显现。在这个意义上，爱弥儿教育只能是对神意的一个许诺，除了兑现这个许诺之外，都是虚构。①

由于"自然"为教育提供了一个限制性的基础，因此，教育就不再是一个人的生命过程，或配合这种生命过程而实施的教化。人的自由也不是历经生活的磨难并克服了这些磨难的结果，而是"自然"的原初规定。当人的自然并非出自经验世界的人本身，教育在人的身体和灵魂中形成的秩序，就不是生活本身的经验秩序，完全是出于一种"神意"的安排，结果，自然教育本质上就是非历史的。《爱弥儿》中，让-雅克设计好让爱弥儿爱上想象中的理想事物，靠着这个东西，爱弥儿就能够正确感知社会的和健全的价

---

① 渠敬东、王楠：《自由与教育》，三联书店 2012 年版，第 176 页。

值。成为爱弥儿智慧基础的东西不是对现实生活的审慎判断，而是想象之中的理想之物。在导师让-雅克看来：

> 为爱弥儿描绘的东西虚构与否无关紧要，这样的描绘只要让他厌恶那些有可能引诱他的东西就行；要是在看到为他做的比较之后他觉得想象的东西好过自己看见的东西就行。为他描绘出想象的东西，我就主导了比较这件事情，因而很容易地防止这个年轻人对真实的东西产生虚幻的认识。①

但是，导师让-雅克如何能够证明并保证他"想象中的理想事物"的选择是正确的？不仅如此，当爱弥儿作为接受者，他的思考和选择的能力完全被忽略甚至剥夺，只是通过熟练培育的情感加之于他，卢梭的爱弥儿教育中已经包含着一种令人迷惑的对于个人自由发展的可能干预。

卢梭承认，由于他的"自然人"只是"抽象人"，为了追求生命的最高目的，他的一生必须在一个比现实生活更为精心整饰过的地方成长和成熟。换言之，卢梭试图创造一个与《社会契约论》中理想城邦相配衬的"理想人"。这种"理想人"是比我们所知道的任何人都要完美的人种，他意指一个绝对的原型，我们所有的个体仅仅是理想人的副本。这就不难理解，为什么卢梭为他的爱弥儿提供的教育环境，是在个人选择完全被剥夺的情况下，将个人生长所可能遇到的冲突全部抽离，继而把公意至上的共同体这个宏大的

---

① 刘小枫主编：《卢梭的苏格拉底主义》，华夏出版社 2005 年版，第 175 页。

道德人格构筑在"灵魂"之中。

作为理想的环境，乡村是卢梭特意为想象中的城邦所设计的，这里有英雄和理想的舵手，主角的生活就在这简朴的牧歌般的画境中慢慢展露。作为学生的爱弥儿，他是一个孤儿，没有任何自然关系。很显然，"孤儿"也是经由卢梭所设计的又一个重要的象征性表达：在这一交叉点上，人物奇妙的社会本质被揭示出来，爱弥儿被称为孤儿，这意味着要把他与父母的血亲关系断开，他必须只服从让-雅克一人。这一"象征"表明了受教育者典型的身心构造和生存条件，即人的自然教育必须在一个最不自然的状态中展开。事实上，让-雅克从来没有把爱弥儿视作"另一个人"来与之缔约，爱弥儿只需庄重地从他的"舵手"那里接受所有的权利和义务，包括他的终身伴侣。尽管卢梭试图以一种神话叙事的方式，赋予让-雅克的合法权威源于一种灵魂的约定，但是，爱弥儿的"孤儿身份之谜"，以及誓约中某种神秘主义的虔敬，其间暗含着一个"别有意味的悖论"：卢梭的爱弥儿教育，遵从自然的"生长"只是一个表层的叙述线索，它的本质恰恰是出自人的意志的"建构"与"制造"。

从一开始，这部作品就立于社会现实之外。它让那名学生从人类社会的各种关系中解脱出来，可以说是将他置于真空之中。……他被小心翼翼地照看着，不与社会及其形式有一丝接触；他被海市蜃楼，被一种社会的幻象所包围，而这是教育者为他刻意弄出来的。这煞费苦心虚构出来的社会体系，其目标却在于将那学生从社会习俗的非自然性中解放出来，并引导他回到自然的简单朴素……就这样，引导这一教育体系的对于真理的狂热之爱最终蜕化为一个复杂得离奇的欺骗体系，一套精心策划的教育把戏。①

卢梭本人将爱弥儿视作其思想及文学创作的真正巅峰，他一再指出，只有在这本书中，他思想各种倾向所奋力争取并在其中统一起来的那个目标才变得清晰可见。但《爱弥儿》或许也是卢梭所有著作中最为矛盾的。一方面，卢梭所谓的自然，很大程度上只是他思维和情感的投射，是经其自身想象和合理化后，"把握在思维中的自然"；另一方面，卢梭一心想要还原原初的自然和本真的人，但人生活其间的自然，实质是已经"人化了的自然"。由此，彻底地还原和回归本真状态就是不可能的，所谓回归自然实际上是"重建自然"、"重建人"以及"重建社会与国家"的一场系统"重建"。在卡西尔看来："在其他任何作品中，卢梭好像都没有完全顺从于想象和理智建构的想象，也好像都没有完全对事物的实际现实如此的无动于衷。卢梭的所有著作都充满矛盾，《爱弥儿》兴许是其中最为矛盾的。"②

经由卢梭的合理现象和精心设计，"新人"爱弥儿在自然神意的护佑下，经历了"去自然"的社会的洗礼，最终成为一个强健的、孤独的人。他从尘世中来，并在社会中成就孤独，不为社会意见所吞食。他顺应着自然的要求耕种自己的身体和灵魂，也顺应着

---

① 卡西尔：《卢梭问题》，译林出版社 2009 年版，第 107 页。
② 同上。

道德的要求去承担社会意见对自身的挑战。很显然，卢梭描绘的理想人仅是一个假设，但即便这些从不曾存在过，即便我们永远也得不到，这些设想的状态仍然为我们提供了一个比照和判断的标准。这副肖像部分由于其作为"经典之作"的抽象，部分基于我们对自身残缺的观察，从而共同构成了《爱弥儿》的菁华及其所有局限所在。① 卢梭的爱弥儿教育，是"自然中的不自然"和"不自然中的自然"的矛盾体，作为一种教育思维，其现代价值或许更在于对"自然"的形上旨趣——自然而然——的强调。

---

① 参见刘小枫主编：《卢梭的苏格拉底主义》，译林出版社 2005 年版，第74 页。

第五章

德福之间的教育取向

幸福原则与德性原则的区别并不因此就构成了两者的对立，而且纯粹实践理性并不希望人们放弃对于幸福的要求……幸福和道德原是至善里面所包含着的两个完全种类不同的要素，因此，它们的结合是不能在分析方式下认识到的，而只能是两个概念的综合。

——康德《实践理性批判》

启蒙时代具体的教育话语不过是启蒙精神的一个缩影，而整个启蒙思想的创发和传播本身就是一场巨大的教育运动，从十七八世纪以来持续教化和塑造了一种现代生活形态及其精神方式。这种被后世冠以"现代性"之名的精神特征，在几乎所有现代教育的具体领域里，可以毫不费力地辨认出自己的家族相似性：道德（伦理学）教育、知识（科学）教育、经济教育、政治教育、文学艺术教育——整个现代教育体系，无不贯彻了"原子式个人"的

"功利主义道德"、"客观知识至上"、"解放物欲"和"自由放任"
的"致富经济学"、"个人主义"的权利政治学、探寻和表现"自
我本真性"的文学艺术理念，当然还有以"主体性"及其自由为
主题的现代哲学。

启蒙现代性给现代教育留下了一笔巨大的遗产，同时利弊相
生，也给我们留下了大量复杂的难题。由"洛克"和"卢梭"所
代表的启蒙现代性两个不同面相之间复杂的统一和对立，及其所呈
现的成就与失败，提示给当代选择的是：任何试图弥合和兼容两者
的努力，既不可能是以一方统一另一方，也不可能是两者简单的合
并，而是对两者的同时扬弃与超越，以达至新的综合。同样，在长
期偏颇于启蒙谋划的"幸福"路向和"德性"路向之后，当代教
育若要有一个更好更圆融的选择，也许只能寄望于对德福一致的整
全的人及其教育的寻取。

第一节　整全教育的人性基础

古往今来的所有教育都是对植根于人性的人类可能性的培育与
成全，因此，不同的人性判断，就带来不同的教育取向。当然，在
人类本源性的各种可能性中，教育总是择取被认为是善好的可能性
加以成全，同时贬抑那些恶的可能性。因此，教育的人性根据总是
和教育者对人性的价值判断交织在一起，两者经常处于相互论证的
微妙关系中。由此，"人性"在观念中的存在就常常显得既非客观
又非主观，部分是事实的，而事实又是经过观念"选择"和解释

的。从而，"人性"才具有了历史性——人性变迁和发展着，既是生命进化的产物，又是不同历史语境中价值定向的产物。

（一）从人性这个既是事实又是价值的变迁逻辑来看，启蒙主流思想的人性观的确标志着对人性事实的一种难以逆转的价值转向。

麦金太尔曾总结过前现代社会关于人性及其道德规则的目的论体系的基本结构：在这个体系中，存在着一种由"偶然成为的人"（未经教化的人性）、"一旦认识到自身基本本性后可能成为的人"和作为从前者向后者转化工具的合理伦理戒律这三个因素组成的结构。伦理学及其伦理戒律的任务，就是必须对人的潜能和行动，对人作为理性动物的本质做出说明和解释，尤其是对人的真实目的做出必要的阐述。以此为前提，提出人们建树德性禁绝恶行的戒律，教导我们如何从潜能过渡到行动，如何认识我们的真实本性，如何达到我们的真正目的——作为人这一种类所特有的目标的善。

理性既告知我们真正的目的，又教给我们达到目的的方式。因此，我们的欲望和情感必须用这种道德戒律来调整和教育，须通过伦理学规定的行为习惯来培养。在这个体系中，这三种因素中的每一种，其地位和功能都必须参照另外两种因素才能正确理解。这个结构体系也完全适合神学信仰框架，只是人的未经教化偶然形成的本性中——在亚里士多德的"错误"概念之上，又加上了"罪"的概念；在认识人类真实本性和真正目的的"理性"之上又加上了神的规定和命令。① 而从偶然的未经教化的人性，经由伦理教养

————————————

① 参见麦金太尔：《德性之后》，中国社会科学出版社1997年版，第67—68页。

而向"一旦认识了自身目的后可能成为的人性"的转进和确立，在总体上服从于一个更大的宇宙神圣等级秩序。

启蒙时代的主流伦理学，尽管各有分歧，但无一例外地都将过去被视为"偶然的人性"确立为人的"自然本性"，而自然的本性被认为是唯一"真实的人性"。在那个古老的结构里，启蒙哲学删除了更高级的本性和更神圣的目的，因而也删除了将"偶然本性"规导为"一旦认识到自身基本本性后可能成为的人"的所有传统道德戒律及其权威。出于人的"自我保存"本性，追求感官欲望满足的幸福，最大限度地增加快乐、减少痛苦，这一切过去被判定为导致邪恶的本能倾向，第一次公然地被肯定为真正的善，而过去帮助人们抑恶扬善的清规戒律、神圣等级、习俗、权威则被判定为对善的戕害。

所有的物种在本性上都倾向于自我肯定，人类的自保本能，直观地表达着人对自身自然生命的自我肯定，这是其他一切人类价值的首要自然前提。启蒙的自然主义——功利主义伦理学以"自保"为最高的善，尽管甚至夸张到粗鄙程度，但在那特定的时代境遇里，恰好因此，甚至只能由此，中断了千百年来的人类道德视野以高尚的理由对"肉身"的蔑视、鄙弃和压制，尤其是在中世纪基督教对肉身的千年禁锢之后。

这种不受美德思想制约的欲望的绝对性，便是启蒙思想家从自然状态中发现的东西。它代表着哲学思想的重大转折，从努力用美德来训化或完善欲望，转向发现人的欲望是什么，并顺应欲望生活。我们的欲望成了我们尊奉的神谕，它现在是最后的训示，而在过去它是我们身上令人怀疑和危险的成分。①

当欧洲文艺复兴运动以复古的方式，在"古典的古代"文化废墟上复活了人类感性生命和感官欲望之后，肉身的激情与基督教禁欲主义原则的冲突更加尖锐地表现为个体自身内部身体与精神的分裂。尽管，路德新教运动在一定范围内和一定程度上颠覆了传统天主教会的最高权威和等级制度，否定了善功赎罪，使新教徒不再纠缠于肉体和灵魂的相互拯救和相互禁锢，使身体和精神的和解与自由在宗教框架内有了初步的可能。

黑格尔对这种初现的可能曾给予了过高的赞誉：精神从无休止的冲突和可怕的管教中解放出来，意识达到了与自身的和解。人从"彼岸"被召回到精神面前，大地和它的物体，人的美德和伦常，他自己的心灵和自己的良知，开始成为对他有价值的东西，自由被认为是神圣的。然而，他也说：但是这种精神自由仍然只是处于胚胎状态，并且路德也采取了把它总是保留在胚胎状态中的形式。因此，"这个自由的发挥和自我反思对它的理解，乃是后来的事。"②马克思的批评则更为尖锐："路德战胜了信神的奴役制，只是因为他用信仰的奴役制代替了它。……他把肉体从锁链中解放出来，但又给人的心灵套上了锁链。"③

尽管，洛克们用以论证"自我保存"本性的整体逻辑早已溃散，但是人类这种本能欲望却从此以简单直白的事实得以公然裸

---

① 布鲁姆：《美国精神的封闭》，译林出版社 2011 年版，第 131 页。
② 黑格尔：《哲学史讲演录》第 3 卷，商务印书馆 1959 年版，第 377 页。
③ 《马克思恩格斯选集》第 1 卷，人民出版社 1995 年版，第 9 页。

露、无以复加地被强调，并被理直气壮认作最值得的追求。这种对肉体欲望的本体性肯定，历史性地留下了不可磨灭的印记，它所流经的世界，欲望—肉身获得了从未有过的平等权利和平等尊重，身体要受善待的要求泰然自若、天经地义。它不再需要更高尚的借口或灵魂为它颁发许可证，仅凭它自身就有天然应得的珍视，而且是一种普遍的相互承认的权利。同时，它也失去了任何等级秩序为它颁布的特权。这是一种在现代一经获得，就不可能再退让的理解和权利。没有任何理由对生命的肉体性质再抱轻蔑了。过去，人类灵魂的高尚与否常在未定之天，而肉身却总是先行被投入苦海。对身体不能相互尊重和维护，总是使人类群体在更高的道德期许实现之先，就已丧失了基准的道德性。

在霍布斯和洛克的假设里，一旦那种类似"信徒的虔诚和贵族荣誉感"的古老美德被抛弃，多数人会立刻承认他的自我保存的欲望是真实的，发自内心的，而且与其他欲望相比，占据首要地位。在他们看来，这个真正的自我不仅对个人有好处，还为共识提供了基础。因此，启蒙主流以"自我保存"加以肯定的，乃是人类本质中的感性方面。以此为基础的幸福论教育取向，持久而强劲地推动着现代教育，在增进人类感性幸福的路向上为自己赢得了前无古人的成就和登峰造极的荣誉。

按照布鲁姆，洛克用理性勤奋之人代替品德高尚之人，正是人类追寻自我解决方案的最好表达，它依托一种开明的自利或正确理解的对自利的坦率承认，以比霍布斯较少挑衅性的方式，挑战那种道貌岸然的美德。洛克式的理性勤奋之人，作为一种典型，具有某种真诚的魅力。他没有虚伪的虔诚，按照自己的所思所想行事，追求自己的利益。在他的自私背后潜藏着一个预期，自私可能比道德说教更有利于他人的利益。这种真诚的品格更多表现为对伪善的嗤之以鼻，而不是对美德的一味赞扬。

（二）特定历史语境中的真理并不必然带有最大的普遍性和绝对的真理性。启蒙功利主义伦理学和教育学更多的是以其平实浅近和凡俗，单维度地使用甚至滥用它的人性和善的直觉。

这直接造成了查尔斯·泰勒所说的启蒙功利主义的"寄生性"。首先，它自身道德根源的表述、其自身强有力的言词和道德力量寄生于它的敌人身上。它主要用于争辩，主要通过对给人类带来如此巨大痛苦的宗教和哲学的错误的控诉出现，依靠它所攻击的敌人的恐怖而生存。功利主义从哲学上阻断了自己承认其他善的道路，最终成为一种只能用于反对的哲学。

其次，它由于自身的单薄和肤浅不得不经常依赖于它所反对的道德洞见。它不仅需要"敌人"来产生其强有力的言辞，有时候，即使它不是直接从其"敌人"那里，至少也是从已经很好阐述过的道德文化中，来获取道德理想。

在这种攻击中，善只被想当然地对待，而没有成为主题，注意的焦点则放到了现存秩序中威胁这些善的滥用上。但是，一旦人们不再反对政府，不再抨击新秩序的建立，这种功利主义观点是多么贫乏与多么危险就会反复显示。说它贫乏，是因为建立观点需要对某种人们所赞同而不只是反对的善的领悟。说它危险，是因为它对人们追求幸福过程中正式的工具效能之外的任何善，都拒绝给予规定，这种描绘能够导致社会生活方

式上的骇人破坏，毁坏并压制所有不符合它那短浅目光的一切事物……①

启蒙功利主义坚持并突出人类本能欲望的单维人性图景，抹平了人类意志中所有的性质差别，把所有的善恶冲突都消泯在对欲望的绝对肯定之中，致使约翰·斯密感叹："伊壁鸠鲁主义的野蛮人群，把他们所有清醒的理性都淹没在纵欲主义的忘河之中。"② 因此，启蒙功利主义在显示它摧枯拉朽的巨大力量的同时，也把自己送到了荒谬的地步，并因此为自己引出了相反的局面——它使无差别人性和意志的反对立场显得更加中肯。

卢梭认为，洛克的自然人，因为对舒适的自我保存的关切，使得他遵守法律，辛勤劳作。但是这种自然人根本就不自然，他简单得让人不敢相信他是真的。洛克为了他的社会契约，从人性中不合理地选取了他所需要的部分，试图在社会秩序中维持自然情感的首要地位，这不仅在理论上难以自圆其说——卢梭不能同意洛克的一个关键地方就是，无论怎样理解私利，它如何能够同社会的需要可以自动地协调一致。而在实践上，他所导致的高昂代价，便是"资产者"的出现。

资产者便是这种代价的标志，他总是自相矛盾，不知道自己想要的到底是什么，他总是在自己的天性和义务之间徘徊，

---

① 泰勒：《自我的根源》，译林出版社 2001 年版，第 521 页。
② 同上书，第 502 页。

他对自己或他人都一无是处…他最不能承受真实的自我，他否认自己身上那个被稍加掩饰的深渊，他完全为一个社会的各种目的而塑造，这个社会甚至没有给他完美或救赎的承诺，只是收买了他。①

布鲁姆认为，启蒙主流的"布尔乔亚式"的人性设定，源于马基雅维利式的意图。马基雅维利从先哲虚幻的城邦转向实际的生活，意图以有利于实然的方式来缓解实然和应然之间的紧张，希望从人的实际需要引申出适中的目标，即试图通过降低并且简化对人之自然（亦即本性）的理解，从而实现满足人的自然的可能。卢梭粉碎了这种过分简单的和谐。卢梭指出，洛克渴望为问题找到一种简单或自动解决的方式，结果他要求自然做到的事情远远超出了他有权期望机械的、非目的论的自然所能够做到的事情。"这种道德上的简约行为并不奏效。人对正义和尊严的渴望就不会接受它，在卢梭这里，那古老的紧张以真实和理想相对立的形式再次伸张了自己。"②

（三）卢梭的人性观也许更接近于人类习得于自己历史的道德直觉和情感，也更接近于"人"作为一个全称概念所具有的、有别于所有动物的特性。

卢梭同样希望在自然的真实基础上实现"软着落"，问题在于，这个自然基础是否存在正变得令人怀疑。最终是卢梭的执着，

---

① 布鲁姆：《美国精神的封闭》，译林出版社 2011 年版，第 123 页。
② 布鲁姆：《巨人与侏儒》，华夏出版社 2003 年版，第 221 页。

帮助他穿透了理性与文明的表层，承担起在崇高与低俗之间建构某种和谐状态的艰难使命。按照卢梭的解释，自然与社会的对立是导致人性分裂的主要原因。霍布斯、洛克为了克服这种紧张，希望从本能倾向中推导出所有义务，进而缩小本能与义务之间的距离，结果却更加扩大了距离，加剧了冲突。自由社会为追求幸福提供了保障，同时也使获得幸福变得遥不可及。正因为如此，卢梭试图恢复人性分裂的更加古老的前现代含义，从而恢复人类实现幸福的复杂含义。"人生而具有完整性，所以他再次成为完整的人至少是可以想象的……由此，人们在怎样看待自己和自己的欲望方面发生了变化。"[1]

我们确实可以尽可能客观地承认，人类趋利避害、自我保存的自然本能在能量和幅度上总体优于一般动物，所实现出来的成就也远高于一般动物。但这基本上属于平面意义上的量的扩展，在性质上与一般动物并无根本的区别。如果仅把这种自然本能在量上的满足和扩展看做一种进步的话，完全应该称为善，但那毕竟不是人之为人的本质性的善。何况，通常称为恶的东西，相当一部分根源于人类自然欲望的负面运用——这也是事实。自然属性为动物所共有，而人成其为人的概念，不仅在逻辑上而且在事实上，要求有人所独具而其他动物皆无的特殊规定。只要我们还承认人不仅出于自然而且有高于自然的禀赋的话，那么，那高于自然的特性就是人的特殊规定性，也就是我们认之为人的本质的特性。

人高于自然的禀赋也许很少，孟子说，"人之所以异于禽兽者

---

① 布鲁姆：《美国精神的封闭》，译林出版社 2011 年版，第 125 页。

几稀",但至少,那我们称为"良知"、"善良意志"的禀赋是人的特性。孟子说,"恻隐之心,仁之端也;羞恶之心,义之端也;辞让之心,礼之端也;是非之心,智之端也。"。这些人之善端,即是人所相异于动物的本原的可能性。正是这个"几稀",使人和动物判然有别。它既是发生学上的事实,又被人自身反思确认为人之所以为人的道德本质和道德追求,因此是一种事实而价值的存在。说它是事实,是指它是作为一种端倪、根性和成长的可能性真实地存在于人类每个个体;说它是一种价值,乃是说人之道德根性和可能性并不自发地生成为高尚的道德人格和道德行为,而是教化和寻求的结果。人类的道德本质也许像康德所说,并不以人的自然本质为转移,但对人的自然欲求加以无区别的减杀而非合理成全,却也不是人类道德本质所内在的人类自我关怀和成全。道德本质如果是真正道德的,就必须涵纳合理的感性欲求于自身,诉求人的整全的存在与发展。

卢梭在启蒙压倒性的欲望主流中,独自重启了人类天性中古老的灵肉善恶之争,并试图以一种现代的方式重整人之欲求的出现次序,将和谐复归于世界。作为这种现代和谐的人的象征和理想构造,"《爱弥儿》是一块画布,在其上卢梭试图以一种与人的自然完整保持一致的方式描摹灵魂获得的所有激情与才学。……此书开启了回归个体之自我的热切渴求和对异化的仇视,这两者概括了所有现代思想的特征。人的整全,统一和独一……是《爱弥儿》及在其后出现的几乎所有作品的严肃主题。"① 然而,卢梭重建和谐

---

① 布鲁姆:《巨人与侏儒》,华夏出版社 2003 年版,第 226—227 页。

的努力并不成功，对启蒙功利主义的反感，使卢梭更多地复归古老的传统，贬抑肉体而高扬灵魂。

在不可逆转的现代语境下，前述麦金太尔勾勒的前现代人性论结构：由"偶然成为的人"（未经教化的人性）、"一旦认识到自身基本本性后可能成为的人"和作为从前者向后者转化工具的合理伦理戒律这三个因素组成的体系，如果将其所朝向的"目的"的终极、绝对因而独断的色彩改造成一种开放、生成着的目的系统；将其中作为从"自在"升进到"自为"过程的古典式（几乎也是卢梭式的）灵肉对立和搏杀，改造成灵肉的相互成全。那么，这种确立于人性整全的动态结构，似乎既较符合人性作为一种未完成态的事实，又可以成为今天发展整全统一的教育的恰当的人性根据。毕竟，正是因为人性的未完成，并有趋于完成的无限可能，因此人才可以并需要教育。

第二节 德福偏致与整合的努力

人类就其本原的规定而言，具有全面的可能性。人类的自然本质，在其作为物种的自我肯定（自我保存，感性幸福的本能欲求）意义上，自有其善好的性质和正面的价值。无疑，人类的道德可能性，在决定性的意义上定义了人之为人的特性。

（一）现代以前，千百年来教育的主要使命都在于揭示、开启、教化人的道德生命，这一稳定的教育矢向，在启蒙运动那里受到了空前的逆转。

    基督教、伊斯兰教、佛教、儒教在漫长的时间里，在世界各大文化区域和民族里，承当了道德教化的功能，不同程度地教养和提升着人类的道德水准，同时也给世界留下了丰富的道德资源。然而，启蒙运动的幸福论取向，不仅在其后的几百年里，极大地改变了教育发展的方向，而且，由于现代教育在推动功利创造方面的巨大成功，使得这一趋势几乎往而不返。

    启蒙给现代主流教育带来的革命性变革，源于启蒙功利主义在理论和实践上的双重逻辑力量。启蒙平反从而解放了欲望，这是对所有人来说都是切己、真实而可欲的本能，它以其清晰、平实而有力的呼唤，强烈地吸引着肉身的趋赴。同时，功利欲求对上智和下愚都具有平等的价值。人们可以因为出身、教养、天赋、财富和地位被置于不同的等级结构中，但欲望却无差别地流淌在所有高贵和卑贱的躯壳里，平等地申述着自己的要求。

    启蒙运动希望把这"自然状态"里的人类自私，转化为一种可以极大普遍化的开明自利。因此，这种天然的获得欲和占有欲被宣布为一种"自然权利"。按照黑格尔，权利乃是仅仅为他人而存在的，这就是说，权利仅仅是在人们之间得到相互承认的时候，才成其为自己的权利。没有这种相互的承认，就只有弱肉强食式的掠夺。

    权利概念的确立和确认，一方面构成了"自由"的基础，即，个体拥有任意支配—行使自己权利的自由，自由本身就是权利；另一方面，它构成了现代正义的概念——自由权利主体之间，由于利益的相关性，促成了一种"公平"的权利关系模式和基于平等权利的公平分配原则和程序。启蒙学者在原初的"社会契约"里"约定"了这个规则，较晚近的罗尔斯在"复兴的契约论"里，假定一种原初状态，在无知之幕下，让理性的人们出于最天然的自利，再度推导出这个原则。

由此，"自利"与"正义"联为一体，不仅使自利这个历来鄙俗、邪恶的东西获得了从未有过的道义形象和道义内容，同时，也使得"正义"这个古老、神圣然而过于悬虚的概念，获得了可计量的、程序稳定、结果可以预期的实在性。自利关联着平等、自由、正义，将给人类带来个体乃至最大多数人的最大幸福的福音，在斯密、边沁那里都得到了最热情的预告，并事实上带来了前所未有的繁荣。

这样，人类依托自己最天然、稳靠的自然激情就可以理性地参与公民社会，从而给人们之间的社会和政治联合奠定了坚实、稳定的基础——这一观念成为十八世纪以后的现代性根本信条，它既是社会政治制度设计的基本指针，也是为这样的社会培养成员和公民的现代教育的基本指针。

> 理智而勤劳的人通过劳动、而非战争养活自己，这些人是公民社会的基础，公民社会的目的由他们的需要而得到了精当的界定和限制。他们舒适地保全自己，跟随他们自己最有力的禀性，为整体造就和平、繁荣。他们的意志同意他们的理性所认定的对他们的利益而言是最好的安排，这样的安排是如此优越于契约之前的战争方式，以至于它得以完全吸引了从中受益的人们的精神和心灵。①

---

① 布鲁姆：《巨人与侏儒》，华夏出版社 2003 年版，第 209 页。

上述逻辑，既是理论的，在某种程度上又是一种事实逻辑。而"开明自利"及其连带的一切现代经济和政治秩序，在启蒙现代性的视野里，既是功利的，又是道德的。功利趋求由于其"造福人类"的功能而被赋予了道德意义，而道德却由于负载了物利的浊重从而降低了自己的水准——它被人们视为不过是"对利益的长远打算"。

这样的逻辑必然强劲地延伸进教育领域，它向教育要求的是：最能增进功利幸福的工具性能力、工具性的智慧和理性、科学和客观知识、工具性的训练和生产。而现代教育也最大限度地集中体现了这一要求，直至今日不遗余力地实现着这个要求。无论人们对此有多少诟病，毕竟，功利追求及其主导的现代教育，在被启蒙运动如此有力地强调和论证之后，在为人类贡献了如此巨大的物质繁荣乃至技术理性、科学知识的突飞猛进之后，在被如此强势地社会化和政治化、合理化后，当代所有新的教育努力如果想要完全无视乃至屏弃功利幸福的维度，就显得既不可能，也不合理了。

然而，就教育是一种使"偶然成为的人"朝着"认识了自己的真正本性而可能成为的人"转化——这一教化的本真使命而言，从上述启蒙现代性及其教育的通用逻辑中，我们看不出那使教育成其为教育的最根本的性状。这一逻辑更多地表明的是一个纯粹自然主义的生命顺遂伸进、伸展的自发过程。它从自然状态到"文明"状态—公民社会的过渡是在几乎原封不动的生命基础上自动地直接进入的。在这里，本质上没有教育尤其是教化的必要与可能。

在自利倾向的引导下，人类能够自己寻找到并扩展自己趋利避害的能力、工具—知识和途径。除此之外，别无其他的价值可以因为其他的理由而被欲求，如果这些价值不是有利于其增进感观幸福的话。教育的所有其他价值：德性、教养、品质、审美完全折叠于、服务于单一的功利价值求取。教育在这里仅仅成为像所有动物的经验和技能训练一样的训练场所，因而也仅剩下单面的、唯一的技术维度。德性、道德和品质……对于统治机器、对于制度是边缘性的，这些制度只是导引激情，而不再教育、改正或者克服激情。

（二）在启蒙现代性解放欲望的事业如日中天的时候，卢梭以一种极端的方式挑战启蒙幸福和高尚的神话。

在卢梭看来，物质进步和文明昌盛并不能增进我们的德性，而且可能相反，败坏着我们的淳朴、善良和仁爱。卢梭重申了人类生活及其教育中古老的德性之维，同时，他作为统一的启蒙运动的重要构成，毋庸置疑地拥有着启蒙现代性的共同前提：自由、平等和契约社会。然而，由这个前提出发，达致的结论却大相径庭。因此，布鲁姆说，卢梭为反现代性作了最现代的表达，并因此导引了极端的现代性。所谓极端，就在于卢梭将启蒙肇始的自由—自律原则做了最极端也是最彻底的发挥，以至在几乎所有的领域，卢梭既重续了传统又在根本上中断了传统，既强有力地推动着启蒙事业又完全无法被启蒙引为同侪。正是这种极端的内在张力，最充分地表现了卢梭所有的复杂性和暧昧性。

卢梭本人一直用斯多葛式的平和从容来对付所有物质上的贫乏，但他从来都学不会容忍他人对自己的意志随意安排，指手画脚。这既是他的国家思想，也是他的教育思想的出发点。《爱弥儿》的基本思想就在于：在一名学生的成长道路上，物质的障碍一个也不要帮他移开，他将被教育成为有独立意志和独立品格的人。他将受尽困苦、竭尽全力、尝遍艰辛，我们要为之操心的，仅仅是使他免于遭到外部意志的压制，免于接受他不理解其必然性的命令。[①]

和欧洲德性论传统一样，卢梭把人性及其教育的重心置于德性基础，强调灵魂、道德、共同体义务在标识人之为人上的根本性意义。但不同的是，传统德性论把人的道德根源规定在外在的宇宙神圣秩序中，依系于"伟大的存在之链"。在神圣的结构中，合目的地存在于统一秩序的给定位置，向着统一和唯一的终极目的所赋予的人类目的升进，人的存在的道德意义才能被合理地界定。或者，崇高的道德之爱的根源在于神恩。而卢梭则把人类的道德根源安置在纯粹的自我内部。所谓"自然的语言"、"大自然不可磨灭的字迹"，乃是良心的自然倾向。良心是我们灵魂深处与生俱来的道德源泉，来自自我良心的内在声音规定了什么是善。因此，良心自律的意志是一切人类道德性的唯一基础。

在传统德性论将道德依赖于他律的地方，卢梭显示了自己真正的启蒙特征：道德获得了自由的本质。按照卢梭，人类必须首先在他自身之类找到清晰确定的法则，才能去探寻外部万事万物的法则。"一旦掌握了这第一位的，也是最急迫的问题，一旦在政治世界与社会世界的秩序中，精神获得了真正的自由，那人类就能让自

---

① 卡西尔：《卢梭问题》，译林出版社 2009 年版，第 54 页。

己投身于探索世界的自由中而毫无危险了。"① 在这里，自律的自由和人作为一种道德的存在互为表里，道德只有在良心自由和自律的条件下才是可能的，并且只有倾听自己最内在的良心这一"神圣天性"的呼唤才是道德的。只有成为真正自由的人而非任何意义上的奴隶才是道德的。同样，自由必须有一个道德向度，没有道德也就等于没有自由。自由乃是完全以自己为根据、自我导向崇高的境地，是扬弃自然自由于自身的"道德的自由"。

卢梭以降，所有严肃的道德讨论就再也无法回避自由的论题。而作为启蒙的后裔，现代人的道德构成里，再也不可能或缺自由的元素。查尔斯·泰勒中肯地指出：

> 邪恶与德性、善与堕落意志的区分，已经与依赖自我与依赖他物的区分联结在一起。善良性质等同于自由，等同于在自身内发现个人行为的动机。虽然卢梭利用了古代资源，但他确实把现代道德理解的主观主义推向了更高的阶段。正是这一点使他产生了如此巨大的影响。……奥古斯丁主义只有在上帝那里才能找到的同一和完整性的根源，如今却发现存在于自我之中。②

同样由于启蒙自由原则的彻底化，使得卢梭也与启蒙主流的功利主义道德观最终分道扬镳。启蒙主流学者建立在感性欲望基础

---

① 卡西尔：《卢梭问题》，译林出版社 2009 年版，第 50 页。
② 泰勒：《自我的根源》，译林出版社 2001 年版，第 557 页。

上、以开明自利的长远眼光和平等关联推导出来的道德学，完全无法通过卢梭的"自由—奴役"的考量标准。道德如果以利益为转轴，那么，人仍然受自己感观的奴役，为欲念所支配。"仅有奢欲的冲动便是奴隶状态，而唯有服从人们自己为自己所规定的法律，才是自由。"① 身体的欲念、欲念化的身体必然与他物相互牵制，人由此而受制于他物、依附于由此环环相扣的所有经验事物和他人，依赖于他人的目光，他人的期待，他人的承认或蔑视，他人的奖赏或惩罚。这样的道德学和教育学，"将使人畏首畏尾地不敢去做善良的行为，它将使人拿卑劣的意图和不良的动机去解释善良的行为。"② 因此，道德自有其另外的独立于躯体的本原，一切道德行动的本原在于一个自由的存在有其意志，而凡是真正的道德意志不能不具有自由。意志自由的真正命意则是："以便使人通过选择而为善弃恶。"③ 至此，卢梭确立了启蒙人本主义道德学最朴素也最深刻的真理：道德是一种选择性行为，没有无条件的意志自由，就没有选择，也就没有道德责任和义务。

然而，正是基于这种本原性洞见，卢梭在对启蒙功利主义的道德基础进行了完全确当的批评后，又回到了古老的二元对立的立场上，继续着千百年来灵魂对肉体的鄙弃和倾轧。在对科学与艺术所带来的现代弊端、布尔乔亚式的资产者的自私与虚荣的极端性批判中，在对纯真、简朴的自然人心驰神往的描述中，在为爱弥儿设置的孤岛式绝对净化的教育环境中，在"只有一门学科是必须要教

---

① 卢梭：《社会契约论》，商务印书馆 1980 年版，第 26 页。
② 卢梭：《爱弥儿》，商务印书馆 2001 年版，第 415 页。
③ 同上书，第 401 页。

给孩子的：这门学科就是做人的天职"这样决绝的教育选择中，我们能够清晰辨认出卢梭与古代斯多葛派和近代加尔文教的亲缘关系及其禁欲主义倾向。

> 卢梭的乐观主义中满是悲剧的庄严，并以这种庄严为支撑。……他不认为应该无拘无束地沉溺于激情，而是要求人类要有克己的力量。只有在这种力量中，生活的意义与价值才在他面前显现出来。①

不同于启蒙主流，卢梭的政治和伦理理想并不追求纯粹的功利目标。他甚至不过问幸福或功利，他所关切的是人类的尊严，以及确保人类尊严的方式。正是在此意义上，卢梭反对将国家看作只是用来分配幸福的工具。在他看来，国家的真正的根本任务并非简单地致力于现存的和给定的意志主体，相反，它的首要目标是要创造出能够听其召唤的那种主体。"国家既不创造和维护幸福，也不护卫和增强权力。卢梭用法权国家的观念来反对权力国家和福利国家，对卢梭而言，这不是一个或多或少的问题，而是一个非此即彼，二者必居其一的问题。"②

最终，人类对感性幸福的正面追求，又被淹没在对其负面影响的极度夸张和过度否定之中。德性价值的高扬再度以牺牲幸福价值为代价，两重人生的价值因而也继续着古老的分裂。在启蒙与复

---

① 卡西尔：《卢梭问题》，译林出版社 2009 年版，第 72—73 页。
② 同上书，第 61 页。

古、激进与保守、现代性与反现代性之间，卢梭以其特有的惊人的复杂性，第一次表现了，同时也预示了现代精神所有的统一和分裂、严谨和混乱、清晰和暧昧。

（三）作为卢梭在启蒙运动中唯一的精神知音，康德不仅以最卓越的智慧和谨严系统创构了卢梭开其端绪的自律性道德哲学，而且试图弥合幸福和道德之间长久的分裂和冲突。

和卢梭一样，康德将德性的根源诉诸道德主体的动机。在康德这里，道德主体即是一个理性主体，而理性是普适的，人按照理性的普遍法则行事就是遵循理性主体的真正本性行事，因而就是自由的。康德明确主张，道德不可能在自然或任何外在于人类理性意志的地方发现，道德律令不是从外在强加的，它是理性自身的命令。作为理性的主体就是为了理性而行动。因此，真正理性主体的行动，要依照被理解为普遍适用的原则和理性。这就是康德所谓的按法则行事。"康德给卢梭所创始的道德根源的主观化和内在化提供了一个坚实而崭新的基础。道德律令来自内部，不再为外在命令所界定。但是，它也并不是由我的本能冲动来界定，而只是由理性的属性，……是由实践理性的程序所界定，这就要求人们按照普遍原则行事。"①

但是，泰勒以下的判断却有失公允："在盎格鲁—法兰西—苏格兰概念中，启蒙运动的进步既意味着自我负责理性的提高，也意味着保证人类幸福的安排的推进。康德对启蒙的定义只集中于前者。"②

---

① 泰勒：《自我的根源》，译林出版社 2001 年版，第 561 页。
② 同上书，第 565 页。

康德固然断言启蒙真正的成就是自由，而且是最无害的自由——公开运用自己的理性。理性的自由运用也的确被康德更多的导向德性——遵从作为理性之普遍法则的道德律令。但是，《实践理性批判》清楚地表明，康德整个伦理学的终极目标却是"至善"——德福一致的"圆满的善"。康德强调的是这样一个事实，有道德的人也许过着与不道德的人同样的外在的生活，但不同的精神带来内在的改变，这是由不同的目的所驱使的。因而，理性控制下的工具理性的生活在康德看来并没有什么错。实际上，这也是理性的一个方面。康德甚至明确认为，工具理性是自然强加给要生存下去的人类的，它的发展会把人类引向更广泛意义的理性。而启蒙功利主义的谬误在于，它误解引导一切的根本目的。它不是幸福，而是理性、道德、自由。

按照卡西尔的说法，只有18世纪里产生的那位唯一的绝对伦理的思想家——倡导"实践理性至高无上"的康德，是在这一点上完全理解卢梭的唯一一人。

> 当康德写道，如果不能使得正义获取胜利，人类存在于世间便没有任何价值时，他表现出一种真正的卢梭式的思想与情操。确实，卢梭本人没能在理论上挣脱主宰着18世纪所有伦理学的幸福论的束缚。从一开始，他的整个思想都为幸福问题所驱动，其目标便是将德性与幸福和谐地结合在一起。①

---

① 卡西尔：《卢梭问题》，译林出版社2009年版，第61页。

与以往所有试图使德福统一的"分析的方式"不同，康德否认道德和幸福可以从一方推导、分析出另一方。"幸福和道德原是至善里面所包含着的两个完全种类不同的要素，因此，它们的结合是不能在分析方式下认识到的（就如追求自己幸福的人只要一分析他的概念就竟然发现他在这样行事时是有德性的，或者一个遵循德性指示的人，只要一自觉到这种行为，事实上就已感到幸福一样），而只是两个概念的综合。"① 而所谓"幸福"——这个完全不同于道德的要素，按康德的界定，"乃是尘世上一个有理性的存在者一生所遇事情都称心合意的那种状况。"②

康德第一次成功界分了道德和幸福这两种各自独立、不能相互取代的价值，但在至善的综合概念下统一德福的努力却似乎并不成功。圆融了德福的至善，它可能的实现，在康德的预想里，必须依赖于、也是寄托于三个著名的"悬设"。

首先，康德的首要旨趣当然是德性，幸福只是作为有德的人配享的结果而出现的。因此，幸福受道德的规制并成为道德的附件，道德是"配享幸福"的前提。而要有德，则必须意志自由。由于深信"从扭曲的人性之材里造不出直的东西"，康德无法确信人类有真正的意志自由。一旦现实的意志因本能欲望而牵连于他物，意志即不自由。所以，只能悬设"意志自由"，以担保善良意志永远以追寻美德为第一要务。这一层悬设，使意在保持道德纯粹性的追求反而脱离了生活世界和生活着的人。

---

① 参见康德：《实践理性批判》，商务印书馆 1999 年版，第 115 页。
② 康德：《实践理性批判》，商务印书馆 1999 年版，第 116 页。

其次，由于人的意志与作为理念的绝对律令的相符，只能是一个无限趋近的过程，那么达致至善的可能，也就只能寄希望于灵魂生命的无限延长。于是，康德又不得不悬设"灵魂不朽"。

最后，有德之人总能如其应得地配享幸福，这在尘世上只能是个幻想，那么只有悬设"上帝存在"才能为此提供担保——只有上帝能使高尚的人同时得享幸福。①

三个悬设，实际上宣告了德福一致的彼岸性，而此岸生活仍然留给德福之间无尽的分裂和冲突。尽管，康德未能圆满地解决问题，但无疑正确地提出了问题，也许正是他未尽的解决之道，以其"综合的方式"，集大成了启蒙的两难，并以此源源不断地刺激、滋养着当代的教育思考。

> 在盎格鲁—法兰西—苏格兰的概念中，启蒙运动的进步既意味着自我负责理性的提高，也意味着保证人类幸福的安排的推进。……在康德对启蒙的定义中，最关键的问题是道德自由和责任的增长。康德的这一新定义给启蒙思想的一个中心假定提供了清晰明确的基础——人可以通过走向自我负责的理性而释放他们全部的力量。②

按照泰勒的说法，康德依然是启蒙运动中人。但是，他赋予了启蒙以新的定义，这一定义所提供的某些信仰，在最近两个多世纪

---

① 参见黄克剑：《心蕴》，中国青年出版社 1999 年版，第 381—382 页。
② 泰勒：《自我的根源》，译林出版社 2001 年版，第 566 页。

现代人的自觉意识中占有着十分重要的地位，滋养了我们重建文明的信心。这种信仰是启蒙运动遗产的一部分，尽管它缺乏明确的词语使之清晰。但康德至少试图以本体的理性主体概念，给它一个清晰的基础，即使这个基础仍然是虚弱的。

德福一致是人类生活及其教育值得追求的整全目标，启蒙思想的两极给当代教育思考提供的实际上是互补的启示，但是要在当代教育中真正实现这种互补，却不是简单地把这两极相加就能奏效的。启蒙思想中这每一个面相都必须经过批判和反思，才能够有效地整合在当代整全教育的目标体系及其努力中。

第三节　健全的个人与公民

三个世纪来，现代思想结盟现代教育，处心积虑想要打造的就是"现代个人"及其社会结合的成员身份——"现代公民"。不论是教育的幸福取向还是教育的德性取向，都同时关涉着"个人"和"公民"。来自启蒙的两大营垒及其后世的追随者，以及他们的各种变种，都为这些"个人"和"公民"注入了自己的灵魂，由此共同塑造了他们的现代性格，也因此制造了现代人的内在分裂。

一种整全的教育，它的具体目标和方式并不由教育本身决定，而是取决于特定的时代里由人类自我意识把握的整全的人及其社会结合，以及由此产生的对教育的期待。因此，当代教育的整全性追求，并不能脱离时代提供的可能性视野，也无法不带着时代的标记，尤其是时代拥有的历史成就和重大挫折。这些成就和挫折，既构成当下教育的主要成分，又为发展中的教育提供回顾和前瞻的基本视力和支持力量。

套用欧克肖特的说法：教育中的目的既不是在我们的经验中现有的东西，也"不是一个我们独立于我们的经验预先策划的'理想'，它是已经在那个经验中暗示了的东西。"① 这就是说，在我们已有的实践、经验和社会安排中有一种不连贯性，它令人信服地要求补救。那么，"每件事情都是作为结果发生的事情，都是追求，但不是追求梦想或一般原则，而是追求一种暗示。"②

那么，现代性教育的既有经验暗示给我们什么？

（一）启蒙通过巨大的社会变革、制度安排和现代教育，给予了人类及其教育许多仅仅是现代才可能有的珍贵赠礼。

独立而不再是依附性的个人及其自由权利，平等、正义的观念和宽容的胸怀，幸福追求的正当性，以及支撑和推动这一切的工具理性、客观知识和科学、技术的昌盛——就这一切作为社会运动和教育运动的交互成就而言，都是人类及其教育不论往后如何发展，都不能或缺的基本元素，因此也是当代教育的整全努力所必须保有的价值。

独立自主的个人，不仅具有局部的客观真实性，而且也是一个历史性的价值确立和价值认同。即，人类个体必须首先断开与他者的依附性关系，获得独立，才能具有理性选择的能力，才能自主地选择成为一个人，以及如何成为人的、符合自己特性的方式。因

---

① 欧克肖特：《政治中的理性主义》，上海译文出版社 2004 年版，第 46 页。
② 同上书，第 49 页。

为，经由理性选择的生活才是值得过的生活。

赋予个人以权利主体地位，是对个人的价值主体地位和社会主体地位的法律认定和秩序保障，从而使个人权利转化为法权。它既意味着权利主体间的相互承认，又是权利主体结构为社会组织的合法性来源。通过这样一种个人间的社会结合方式，使得社会异化为个人的奴役和压迫力量的可能性日益减少。同时，个人的理性选择能力，在现实上是在个人选择权利的保障下历史地养成的。个人伴随着自己日益获得的权利而成长。自由，不过是个人权利在公共领域和私人领域的有保障的运用，它是个人权利的一体两面。个人间的平等，不仅是道德意义上的人格平等，而且被日益实现为权利意义上的平等对待。

现代教育既是个人自由权利在教育领域的渐次实现，又强有力地传播、反复强调、论证，并推动和增进着人们的自由和权利。

"正义"作为古老的"人得其所应得"的观念，在漫长的时间里总是和社会的等级秩序相联结。让人安于自己"应得"的等级身份和地位以及与此相对应的待遇，使得"正义"总是表现出不正义的面貌。如今，由于权利平等和个人自由，正义逐渐成为按每个人的平等权利，公平分配社会利益的可计量、可预期的法定程序——这既是一种现代正义的理念、理想，又是一个有希望逐渐地、不同程度实现的可能性过程。

伴随着个人自主性、自由权利、平等正义，"宽容"既是现代人面对各种异见、价值冲突、利益分歧的一种主观态度，又是现代社会的基本共识，同时也是现代社会、法律的制度要求，宽容的理想不再太多地屈服于人们的主观随意性任意取舍。现代教育正是因为现代宽容，才实现了从未有过的百家争鸣、百花竞妍的繁荣。同时，现代教育也为现代社会的宽容、多元和开放，源源不断地贡献了风格殊异的思想、流派和人才，以及他们争奇斗艳的创造。

启蒙之后，人们的感性幸福，只要无害于他人，就具有天然的正当性，一扫千百年来犹抱琵琶的胆怯和羞涩。不仅如此，对幸福的功利追求、劳作和经营，不仅可以增进个人福利，而且客观上推动着整个社会的共同繁荣——这一古典经济学信条已成为具有相当共识的信念，并且部分地成为事实。

工具理性——理性的工具性运用，用最有效最合理最经济的方式实现特定的目的，这一"目的—工具合理主义"在所有正当范围内，都证明了自己的巨大威力和正面价值。人类在极大地受惠于工具理性带来的繁荣便利之余，没有理由不分青红皂白地全盘否定工具理性。即便是最为崇尚价值理性的康德，也承认在理性控制下的工具理性生活并没有什么错，它也是理性的一个方面，是自然强加给要生存下去的人类，并且它的发展将会把人类引向更广泛的理性。

现代教育既是工具理性的最大受惠者之一，又是工具理性的温床。在短短三个世纪里，现代学校如此集中、普遍、繁复地训练、推动着工具理性的发展和运用，使得现代人的知性智慧受到了登峰造极的开发，并且上天入地、向无限宽广的领域和未来开放。同时，它也使得工具理性的权威几乎完全覆盖所有人类理性乃至人类的整个精神世界。随之而来的是知识和信息的爆炸、科学和技术的屡屡凯旋，以至几乎统治了整个人类生活。它的无度的发展可能带来不可估量的灾难，但不能因此将之判为现代人类精神和教育的原罪，更不能因此将它当做魔鬼打入地狱。当代教育只有将这一切现代成就涵纳、扬弃于自身，才能不再重蹈古典和现代教育单向度发展的旧辙，而开始自己的整全化努力。

（二）所谓扬弃，就是不能把启蒙和现代教育的所有前提和成果当做纯粹的营养，不容置疑、原封不动地接纳。大部分现代性流传物都必须得到鉴别、挑剔和改装才能成为新的教育追求的合适构件。

当初，正是开端处现代性的负面预示，引发了卢梭和康德的质疑。吊诡的是，也正是启蒙现代性的共同前提将卢梭们推送到了后来的立场，并和他们的批判对象一起，构造了现代性无与伦比的力量和难局。启蒙主流思想和主流教育在几个世纪的大部分时间和越来越广阔的世界，尽管弊病丛生，仍然大行其道，卢梭们尽管振聋发聩、力透纸背也没能说服和遏止这股潮流。这也许恰好说明，现代性的共享前提是需要反思和修正而不能依然如故地共享下去，因此卢梭、康德的药方也不会变成救治现代弊端的良药。

的确，启蒙以来，教育的道德维度乃至整个价值维度失落已久，这不仅是由于功利主义幸福论取向过于强劲，工具理性战无不胜，而且更重要的是，这来自于现代性的一个决定性判断。从休谟开始，"是"与"应该"，事实与价值的分离日益成为现代性公理。"理性的作用在于发现真或伪。真或伪在于对观念的实在关系或对实际存在和事实的符合或不符合。……我们的情感、意志和行为是不能有那种符合或不符合关系的；……它们不能被断定为真的或伪的，违反理性或符合于理性的。"① 而道德则属于实践范畴，只有

———————

① 休谟：《人性论》，商务印书馆 1991 年版，第 498 页。

它对情感和意志才产生影响。"道德准则既然对行为和感情有一种影响，所以当然的结果就是，这些准则不能由理性得来"，"道德不成立于作为科学的对象的任何关系，……道德也不在于知性所能发现的任何事实。①"休谟就此抽掉了以往普遍、永恒的道德体系赖以存在的理性基础，使得道德之善恶乃至一般所谓价值，归依于个人情感之快乐与否，任何追求道德一致性的努力都被视为无效的和独断主义的。而理性的主要功能是认知性的，是一种认知理性，唯有这种理性才具有普遍性和可公度性。那么，也只有符合这种理性的东西才是可以教育的。

这种事实与价值的分离和价值的不可公度性观点，被马克斯·韦伯以"诸神的冲突"做了最著名也最有力的表达，并由此确立了现代教育的价值中立原则。韦伯认为，随着科学的进步和人类的理智化，原先笼罩在世界之上的神魅已祛，世界变得透明、清晰。事实世界并不内含价值，原先在终极价值辐射下万物有灵的价值世界之井然有序统一和谐，为"诸神之间无休止的斗争"所取代。

> 那些终极的、最高的价值，已从公共生活中销声匿迹，它们或者遁入神秘生活的超验领域，或者走进了个人之间直接的私人交往的友爱之中。我们最伟大的艺术卿卿我我之气有余而巍峨壮美不足，这绝非偶然；同样并非偶然的是，今天，唯有在最小的团体中，在个人之间，才有着一些同先知的圣灵相感知的东西在极微弱地搏动，而在过去，这样的东西曾像燎原烈

---

① 休谟：《人性论》，商务印书馆 1991 年版，第 580、497 页。

火一般，燃遍巨大的共同体，将他们凝聚在一起。①

现代人注定生活在一个没有先知的时代，这是人类经历了千年的宗教蒙昧之后，必须直面的命运和事实。没有谁能够告诉我们，在这些好战的诸神之间，我们该侍奉哪一位。

在价值领域多元冲突，"应该"问题差异多样、流转随人的时代，作为职业的科学，与价值无涉，也不预设前提，不是派发神圣价值和神启的通灵者或先知送来的神赐之物，也不属于智者和哲人对世界意义所作沉思的一部分，而是通过专业化学科的操作，服务于有关自我和事实间关系的知识思考，这是我们历史环境中无可逃避的事实。教师的任务就是讲授这种关于事实的知识—科学。因此，韦伯断言，教师既不是先知也不是领袖。"真正的教师会保持警惕，不在讲台上以或明或暗的方式，将任何态度强加于学生。……讲台不是先知和煽动家应待的地方。"②

然而，韦伯的理由并非无懈可击。诚如伯林所言："尽力去发现量的关联与价值并不意味着什么东西都是可以量化的，称赞科学是对原因的寻求，并不等于说每个事物都有原因。"③ 不仅教育的许多内容并不都只是单纯的事实，而且即便是对事实的陈述也不可能完全避免价值的渗入，尤其是在人文社会科学领域。按照韦伯的说法，社会科学家引以为自豪的是，只理解而不做褒贬。但是，没有一个概念框架和参照系，所有的理解都无法进行。按照哲学解释

---

① 韦伯：《学术与政治》，三联书店1998年版，第48页。
② 同上书，第37页。
③ 伯林：《自由论》，南京译林出版社2003年版，第19页。

学，理解不是纯客观的，而是有"前见"的。"前见"作为一种个人的前理解的价值立场，它是历史传统的经验存留。"前见"总是以"期望"或"设想"的方式介入理解，解释过去、把握现在、预测将来，"前见"也在理解过程中不断被修正着。理解者的价值"前见"构成了他特定的理解"视阈"，而理解的过程就是不同视阈的相互对话与交流。只有当理解者的"前见"与被理解的对象发生"视阈融合"，真正的理解才能实现。而"前见"作为一种"经验存留"，无疑是人类的价值累积和价值选择的结果对人的理解活动的渗入，它甚至以无意识的方式渗入自觉的"价值无涉"的立场，使"价值无涉"事实上不可能。"效果历史"使历史经验进入人们的意识，转化为一种自觉或不自觉的倾向，渗透在对事实的哪怕再"客观"的描述中。按照伯林的说法：

> 正常语言的使用本身不可能不透露作者关于什么是常规什么是反常、什么是重要什么是琐碎、什么令人喜欢什么令人沮丧的想法。在描述已发生的事情时，……所有那些对已发生的事情的描述没有一个是完全中性的：它们全都携带着道德含义。不管他多么小心地使用纯粹描述性的语言，历史学家之所言迟早会传达他的态度。超脱本身就是一种道德立场。使用中性语言（'希姆莱使好多人窒息而死'）本身便传达着自己的伦理语气。[①]

---

① 伯林：《自由论》，译林出版社 2003 年版，第 26 页。

所以，针对社会科学家、历史学家、教师备受诟病的所谓
"道德说教"，伯林争辩说，历史学家（其他人也一样）所使用的
语言不可避免地渗透着带有评价性力量的言词，而让他们净化他们
的语言等于让他们完成一项异常困难，同时也是自我愚弄的任务。
他们也是人，"他没有义务在更大的程度上比其他人非人性化。"①
如果他们想要理解人的行为或想与他人交流自己的看法，他们的价
值天平就不应该与人们共享的价值观相去太远。在批评那些处理人
类事务的作者的成就时，我们不可能将"事实"与其意义断然分
开。价值进入事实并成为其组成部分，我们的价值是我们作为人的
那些"配置"的基本成分。甚至不遗余力地强调价值中立的韦伯
本人也不能在事实上彻底践行自己的主张。当韦伯带着几乎是羡慕
的口吻，说起往昔的一个自然法的信仰者，可以"解剖跳蚤，证
明神的存在"，在这里，强烈的怀古情结透露着韦伯对一个失去的
时代——一个信仰与理性统一的时代——的怀念。

这表明：人类的价值向往，是一种无法遗忘的期望，它以各种
不同的方式不遗余力地表现着自己教化的力量——哪怕是以否定的
方式、出自一种反对的力量。因此，如果说"价值中立"的史学
观念，如伯林所说是一种"史学幻觉"的话，那么，"价值中立"
的教育观念更是一种教育幻觉。只有使这一幻觉重新"祛魅"，卢
梭式对道德教育的合理期待，才不会被视作哲学家异想天开的幻觉
而被置于"非法"处境。作为教育天职的道德话语才能够恢复本
应属于它的合法性和权利。也只有教育的道德价值重获它的合法权

---

① 伯林：《自由论》，译林出版社 2003 年版，第 24 页。

254

利，教育的王国才不会完全留给硕果仅存的工具理性任意驰骋，以其"中立"的外观支撑着幸福价值的垄断统治。

（三）当代教育的道德努力，要想获得真实的可能性，还必须在现代自我的自律理想和广义的"他者视野"之间实现辩证的联结。古典的德性教育，视道德人格的养成为传统道德信条和习惯的习得，个人仅仅是千年不易的道德箴言和道德习惯的例证而非道德观念和行为的真实主体。自卢梭以降，道德价值和行为成为主体自由意志的选择和自律，道德回到了它的主体根据和自由本性。尽管作为启蒙共识的现代自由被强调为现代道德的基础甚至道德本身，但是，正像查尔斯·泰勒所说，这种"形式的自我导向性"并不必然带来"内容的自我导向性"。①

查尔斯·泰勒在辩驳伯林对积极自由和消极自由的分割时，引进了"重要性"概念：任何自由都涉及动机，动机关联着何者"更重要"。"有多少扇门向我敞开"，是自由的定量判断，是个"机会概念"。"为什么要自由"是定性判断。即使是"不受阻碍的"消极自由，也有一个某事不受阻碍"很重要"的理由。否则，他举例，阿尔巴尼亚首都地拉那大街上的红绿灯很少，伦敦大街上则很多（对大多数人的大量日常自由的量，意味着更多的限制）。那么，能否因此得出，阿尔巴尼亚比英国自由？英国的选举权，可能许多英国人几年才使用一次，有人根本不使用。就自由的量上来说，不算多，要比地拉那大街给行人的日常自由量少得多。但大多数人会判断英国更自由一些。因为这些自由，比较少的红绿灯给行

----

① 参见泰勒：《现代性的隐忧》，中央编译出版社 2001 年版，第 94 页。

人带来的自由"更重要"。没有人会把比别人多长了一百根头发当做有"个性",而会将坚持一种生活信念,不苟同地生活着,看做有个性。因为后者"更重要"并因此被自由地选择。所以,哪怕消极自由,也不完全依赖于定量判断和"机会"概念。

重要性概念涉及的是自由的价值向度乃至道德向度,这就是说,自由必有它的道德目标。人们因为需要达到一定的道德—价值目的而需要自由。但是,"何为重要",就不是个人能够完全自行解决的了。我们常以为我是在独立地进行自我选择,自我引导。其实,细心自察可以发现,关于什么是"重要的",我的视野不仅是我的,而且已经介入了广义的重要的"他者视域"。很难设想,选举权对于政治生活的重要性,信仰自由对于个人生活的重要性观念,是一个在孤岛上从来不知道有选举,甚至从来不知道有压迫和奴役的鲁滨孙能够独自产生的。而"他者视域",在很大程度上由传承而来——这就是教育—教化的功能。

如此看来,卢梭在孤绝的深山里教养爱弥儿的德性,在多大程度上是可能的?当卢梭试图教会爱弥儿"同情"时,并不借助任何传统的道德资源,甚至不想改造转化道德资源,而是仅仅向自我的内部寻找同情的生长点。卢梭的做法是试图从不高尚的事物中制造出高尚的事物来,从天然的自私中升华出同情:如果要让爱弥儿富有同情心而不嫉妒,就必须总是让他看到比自己不幸的人,同时他的想象力能够设想这些不幸也可能发生在他的身上。这样,爱弥儿就会习惯于同情他人。这种卢梭式的缜密推理和异想天开的混合物看似务实,但却绝难成为现实生活的真理:这既无法持久——在现实境遇里,我们如何能够保持一个人总是优于他人的处境?又无法普遍化——每个人都优于他人，那么不幸的人是谁？

这个失败的设计表明，仅在自我内部发掘道德根源，其可能的结果是：要么导致道德内容的极度贫乏，几近动物的本能；要么只能是一种遗世独立的乌托邦幻想而无法现实化。它需要一个真空的孤岛实验室、一个上帝般的全知全善的教师、一个随人揉捏的泥团。

按照麦金太尔将德性作为人类生活的一个复杂论题所做的全面性结构分析，所谓"人的好生活"，乃是人在寻求好生活中渡过的生活，而对追寻所必须的德性是将使我们懂得更多的有关人的好生活是什么的那些德性。在这里，德性不仅被置于与实践相关的情形，最关键的是，它被置于与人的好生活相关的情形之中。对此，麦金太尔进一步宣称：

> 对我来说，绝不可能仅仅以个人的资格寻求善和实践德性。……那对我来说是好的事情必定对那处在这些角色中的人都是好的，这样，我从我的家庭，我的城邦，我的部族，我的民族继承了它们的过去，各种各样的遗产，合法的前程与义务。这些构成了我生活的既定部分，我的道德的起点。在一定程度上，正是这一切使我的生活有它自己的道德特征。①

麦金太尔提醒我们注意的一个重要事实是，自我必须在社会共同体中通过它的成员资格发现它的道德身份。尽管这并不意味着自

---

① 麦金太尔：《德性之后》，中国社会科学出版社 1995 年版，第 277—278 页。

我必须接受特定共同体的特殊性的道德限度，但是如果没有这些道德特殊性作为开端，德性就不可能从任何地方开始。麦金太尔认为，对善和普遍性的寻求就出自于这种特殊性的向前运动之中，这种特殊性决不可能被简单地抛弃或被遗忘。"摆脱特殊性进入完全普遍性的准则的领域，并认为这种普遍准则是人本身所有的观念，不论是在 18 世纪康德哲学的形式中，或在某些现代分析道德哲学的描述中，都是一种错觉，并且是一种有着痛苦后果的错觉。在关键部分，我总是我所继承的东西，一种特殊的过去某种程度地呈现在我的现在之中。"①

康德式的道德自律设想从一个相反的角度反证道德内容的不完全自主性。按照康德，实践理性不需要任何外在于自身的标准，不诉诸任何经验内容。实践理性为道德立法的关键功能在于，实践理性仅凭自身具有天然的普遍化能力，即个人的生活准则是否合道德律，就看其是否能够上升为普遍法则，亦即在其普遍化推扩中是否二律背反——我们是否一致地愿意每个人都永远遵照它行动。但是，正如麦金太尔所分析的那样，康德的道德法则具有形式普遍性的某种空洞性。而在需要用他的法则来检验他的道德准则的时候，他"从来没有怀疑从自己有德父母处学到的准则还要受什么合理标准的检验和证明。"② 在真正构成他们道德戒律的内容和特性上，康德和休谟、克尔凯郭尔等人一样，都继承自他们大致相同的宗教和文化背景。

---

① 麦金太尔：《德性之后》，中国社会科学出版社 1995 年版，第 279 页。
② 同上书，第 58 页。

　　这表明，道德内容本身并不能完全由自我的实践理性自身提供，它或多或少来自传统和历史——他者视域，其中的偏好成分也未必都经得起严格的普遍化检验，它某种程度上依赖于教育的传承之功，并不能任由教育"自由"地"制造"。同时，传统的他者视域也经由教育—学习过程中自由个体的选择、理解和解释，经由"视域融合"而不再是原封不动的"过去"，从而表现为一个不断累积、创造、变迁的过程。

　　"一个对传统有适当意义的德性，是在对将来的那些可能性的把握中表明的，这种可能性意味着，过去已使现在的出现有其可能，活着的传统，恰恰因为它们继续着一个未完的叙述而面对一个未来，而就这个未来所具有的任何确定的和可确定的特征而言，它来自于过去。"① 这意味着，道德独断主义的价值强加和完全依赖于道德自发性的"自我实现"，对当代教育德性维度的重建都是无法真正奏效的。

---

① 麦金太尔：《德性之后》，中国社会科学出版社 1995 年版，第 281 页。

结　语

德福一致的教育努力需要经由对现代教育两种重大倾向及其长短得失的扬弃和整合，既指向对整全个人的成全，又同时指向对个人作为现代共同体成员——公民的培育。

启蒙主流现代性偏重的是个人作为个人的幸福生活，个人的社会成员角色只是附带的有益于个人自我谋划的工具性角色。因而，汉娜·阿伦特认为，现代公共领域仅仅是以家政活动为主要内容的私人领域的扩大化。贯穿现代社会的主要活动是经济活动，其实就是以家政为主轴的私人活动。① 而道德，就其概念本性而言，总是要溢出个人的范畴而关涉对他人的助益。因此，以自利为主导的社会结合，以及为这样的社会服务的教育，其道德价值的枯萎、崇高维度和英雄维度的失落，公共精神的衰微就是必然的逻辑结果。

---

① 参见阿伦特：《私人领域与公共领域》，载汪晖、陈燕谷编：《文化与公共性》，三联书店 2005 年版。

卢梭的整个政治—教育学所致力的，是在现代意义上对古典共和主义的复活，对公共善的忘我式奉献的公民教育。而要培养这样的公民，"就必须有一个共同体，将此人如此紧密的融进去，使之无法脱离共同体而单独考虑自己，他本人的存在乃是作为共同体的一部分来塑造的。……让他在祖宗治道之下成为传统社会无可置疑的一分子，这还不够。他必须理解自己，并且指导自己的命运，就像一个立法者为城邦、因此也是为自己所做的那样。……卢梭所理解的公民乃是两股令人倾慕的魅力的联合，即根植性（rootedness）和独立性。"① 卢梭将那种对小的、德性共同体的趣味引进了现代的自由平等运动之中。在此，自由少了各种所好的色彩，而多了每人平等分担为城邦制定法律的责任的色彩。

这种对共同体的全身心融入，尽管在卢梭自己的意味上，以"自由与服从的统一"、"个人权利等价物的换取"、"社会的、道德的自由"等理由得以完成了逻辑自洽。但是，毕竟"使每一个个体及其所有权利服从于整个社会"，"共同体有权强迫人们自由"这类卢梭式公共精神的著名警句，制造了伯林所说的"恐怖悖论"。它使启蒙运动的最重要的努力和成就——个人的独立和自由——重又笼罩了不祥之兆，它使现代人凡俗而切近的幸福再度变得遥不可及。

当代教育试图造就的健全的个人和公民，是这样一种在个人的活动及其共同体形式中展现出来的值得追求的面貌：他区别于受偶

---

① 布鲁姆：《巨人与侏儒》，华夏出版社 2003 年版，第 216 页。

然性支配的偶然的个人，是从事"个人自主活动"的"有个性的个人"①；他的成长是个人向完整的个人的发展以及一切自发性的消除，是自由个性的全面发展。他作为公民的存在，是"在真实的集体的条件"下，各个人在自己的联合中并通过这种联合获得自由的。"在这个集体中个人是作为个人参加的。它是个人的这样一种联合……，这种联合把个人的自由发展和运动的条件置于他们的控制之下"，"人以一种全面的方式，也就是说，作为一个完整的人，占有自己的全面的本质。"② 而这个真实的共同体是"一个以个人自由发展为一切人自由发展的条件的联合体。"③

由此，带着启蒙时代的冲突与争论，进入对人性之全的体认；对健全人性的"自然的"和"建构的"教养途径的探讨；自我与他者世界的辩证关系的重建；与"幸福"关联的权利维度和知识维度、与"德性"相关的崇高维度和公共精神，以及两者之间关系的合理确立——这一切也许就是教育现代性方案中未竟的努力和可能的选择。

---

① 《马克思恩格斯全集》第 3 卷，人民出版社 1957 年版，第 79—80 页。

② 《马克思恩格斯全集》第 3、42 卷，人民出版社 1957、1979 年版，第 84—85、123 页。

③ 《马克思恩格斯全集》第 4 卷，人民出版社 1957 年版，第 491 页。

主要参考文献

（一）

1．柏拉图：《理想国》，郭斌和、张竹明译，商务印书馆 1986 年版。

2．亚里士多德：《尼克马可伦理学》，廖申白译，商务印书馆 2003 年版。

3．洛克：《教育漫话》，徐大建译，上海人民出版社 2005 年版。

4．洛克：《政府论》，叶启芳、瞿菊农译，商务印书馆 1964 年版。

5．洛克：《人类理解论》，关文运译，商务印书馆 1981 年版。

6．卢梭：《论科学与艺术》，何兆武译，商务印书馆 1963 年版。

7．卢梭：《爱弥儿》，李平沤译，商务印书馆 2001 年版。

8．卢梭：《社会契约论》，何兆武译，商务印书馆 1980 年版。

9．卢梭：《论人类不平等的起源与基础》，李常山译，商务印书馆 1962 年版。

10．斯宾诺莎：《神、人及其幸福简论》，洪汉鼎、孙祖培译，商务印书馆 1987 年版。

11．休谟：《人性论》，关文运译，商务印书馆 2004 年版。

12．维科：《新科学》，朱光潜译，商务印书馆 1997 年版。

13．李凯尔特：《文化科学与自然科学》，涂纪亮译，商务印书馆 2000 年版。

14．狄尔泰：《人文科学导论》，赵稀方译，华夏出版社 2004 年版。

15．文德尔班：《哲学史教程》，罗达仁译，商务印书馆 1997 年版。

16．康德：《实践理性批判》，韩水法译，商务印书馆 2003 年版。

17．康德：《道德形而上学原理》，苗力田译，上海人民出版社 2002 年版。

18．康德：《历史理性批判文集》，何兆武译，商务印书馆 1990 年版。

19．黑格尔：《精神现象学》，贺麟、王玖兴译，商务印书馆 1979 年版。

20．黑格尔：《历史哲学》，王造时译，上海书店出版社 2006 年版。

21．密尔：《论自由》，程崇华译，商务印书馆 2004 年版。

22．柏克：《自由与传统》，蒋庆等译，商务印书馆 2001 年版。

23．卡西尔：《启蒙哲学》，顾伟铭等译，山东人民出版社2007年版。

24．卡西尔：《人论》，甘阳译，上海世纪出版集团2003年版。

25．黑格尔：《精神现象学》，贺麟等译，商务印书馆1987年版。

26．伽达默尔：《真理与方法》，洪汉鼎译，上海译文出版社2004年版。

27．雅斯贝斯：《时代的精神状况》，王德峰译，上海译文出版社2003年版。

28．雅斯贝斯：《什么是教育》，邹进译，上海译文出版社1999年版。

29．韦伯：《新教伦理与资本主义精神》，黄小京等译，四川人民出版社1986年版。

30．韦伯：《经济与社会》，林荣远译，商务印书馆2004年版。

31．韦伯：《学术与政治》，冯克利译，三联书店2005年版。

32．舍勒：《价值的颠覆》，罗悌伦等译，三联书店1997年版。

33．哈贝马斯：《现代性的哲学话语》，曹卫东译，译林出版社2004年版。

34．麦金太尔：《德性之后》，龚群等译，中国社会科学出版社1997年版。

35．麦金太尔：《伦理学简史》，龚群译，商务印书馆2003年版。

36．查尔斯·泰勒：《现代性的隐忧》，程炼译，中央编译出版社2001年版。

37．查尔斯·泰勒：《自我的根源：现代认同的形成》，韩震等译，译林出版社 2003 年。

38．阿格尼丝赫勒：《现代性理论》，李瑞华译，商务印书馆 2005 年版。

39．施密特：《启蒙运动与现代性》，徐向东等译，上海人民出版社 2005 年版。

40．霍克海默、阿多尔诺：《启蒙辩证法》，渠敬东等译，上海人民出版社 2003 年版。

41．布鲁姆：《巨人与侏儒》，张辉选编，秦露等译，华夏出版社 2003 年版。

42．布鲁姆：《美国精神的封闭》，战旭英译，译林出版社 2011 年版。

43．鲍曼：《矛盾性与现代性》，邵迎生译，商务印书馆 2003 年版。

44．阿伦特：《人的条件》，竺乾威译，上海人民出版社 1999 年版。

45．巴雷特：《非理性的人》，杨照明等译，商务印书馆 2004 年版。

46．伽达默尔：《哲学解释学》，夏镇平等译，上海译文出版社 2004 年版。

47．诺斯：《两种文化》，陈克艰等译，上海科学技术出版社 2003 年版。

48．罗杰·斯克拉顿：《保守主义的含义》，王皖强译，中央编译出版社 2005 年版。

49．罗尔斯：《道德哲学史讲义》，张国清译，上海人民出版社2003年版。

50．桑德尔：《自由主义与正义的局限》，万俊人等译，译林出版社2001年版。

51．伯林：《自由论》，胡传胜译，译林出版社2003年版。

52．柏林：《启蒙的时代》，孙尚扬等译，译林出版社2005年版。

53．伯林：《浪漫主义的根源》，吕梁等译，译林出版社2008年版。

54．格雷：《自由主义的两张面孔》，顾爱彬等译，江苏人民出版社2002年版。

55．金里卡：《当代政治哲学》，刘莘译，上海三联书店2004年版。

56．金里卡：《自由主义、社群与文化》，应奇等译，上海世纪出版集团2005年版。

57．萨义德：《知识分子论》，单德兴译，三联书店2002年版。

58．丹尼尔·贝尔：《资本主义文化矛盾》，赵一凡等译，三联书店1989年版。

59．胡塞尔：《哲学作为严格的科学》，倪梁康译，商务印书馆2002年版。

60．福柯：《规训与惩罚》，刘北成等译，三联书店1999年版。

61．吉登斯：《现代性与自我认同》，赵旭东等译，三联书店1998年版。

62．詹明信：《晚期资本主义的文化逻辑》，张旭东译，三联书店 1997 年版。

63．约翰·基恩：《公共生活与晚期资本主义》，马音等译，社会科学出版社 1999 年版。

64．孔多塞：《人类精神进步史表纲要》，何兆武等译，三联书店 1999 年版。

65．劳丹：《进步及其问题》，刘新民译，华夏出版社 1999 年版。

66．欧克肖特：《政治中的理性主义》，张汝伦译，上海译文出版社 1997 年版。

67．迈尔：《古今之争中的核心问题》，林国基等译，华夏出版社 2004 年版。

68．涂尔干：《孟德斯鸠与卢梭》，李鲁宁等译，上海人民出版社 2003 年版。

69．杜威：《道德教育的原理》，王承绪等译，浙江教育出版社 2000 年版。

70．杜威：《人的问题》，傅统先译，上海人民出版社 2006 年版。

71．科尔伯格：《道德教育的哲学》，魏贤超等译，浙江教育出版社 2000 年版。

72．范梅南：《生活体验研究》，宋广文等译，教育科学出版社 2003 年版。

73．杜普伊斯、高尔顿：《历史视野中的西方教育哲学》，陆有铨、石中英主编，彭正梅、朱承译，北京师范大学出版社 2006 年版。

74．威廉·V.斯潘诺斯：《教育的终结》，王成兵等译，江苏人民出版社 2006 年版。

75．叶秀山：《启蒙与自由》，江苏人民出版社 2013 年版。

76．黄克剑：《心蕴》，中国青年出版社 1999 年版。

77．石中英：《教育学的文化性格》，山西教育出版社 1999 年版。

78．石中英：《知识转型与教育改革》，教育科学出版社 2001 年版。

79．石中英：《教育哲学导论》，北京师范大学出版社 2004 年版。

80．金生鈜：《德性与教化》，湖南大学出版社 2003 年版。

81．刘铁芳：《古典传统的回归与教养性教育的重建》，北京师范大学出版社 2010 年版。

82．林少敏：《生命化教育的人文对话》，福建教育出版社 2004 年版。

83．冯俊：《法国近代哲学》，同济大学出版社 1994 年版。

84．葛力：《十八世纪法国哲学》，中国社会科学文献出版社 1991 年版。

85．李凤鸣、陶介厚：《十八世纪法国启蒙运动》，北京出版社 1982 年版。

86．尚杰：《西方哲学史卷：启蒙时代的法国哲学》，凤凰出版社 2005 年版。

87．黄伟合：《英国近代自由主义研究》，北京大学出版社 2005 年版。

88．哈佛燕京学社编：《启蒙的反思》，江苏教育出版社 2005

年版。

89．于凤梧：《卢梭思想概论》，北京师范大学出版社 1986 年版。

90．周宪：《审美现代性批判》，商务印书馆 2005 年版。

91．刘小枫、陈少明：《古典传统与自由教育》，华夏出版社 2005 年版。

92．刘小枫、陈少明：《卢梭的苏格拉底主义》，华夏出版社 2005 年版。

93．刘小枫选编：《施特劳斯与现代性危机》，华东师范大学 出版社 2010 年版。

94．汪晖、陈燕谷主编：《文化与公共性》，三联书店 2005 年版。

95．陈乐民、史傅德：《对话欧洲：公民社会与启蒙精神》， 三联书店 2009 年版。

96．黄燎宇等编：《以启蒙的名义》，北京大学出版社 2010 年版。

97．许纪霖主编：《启蒙的遗产与反思》，江苏人民出版社 2010 年版。

98．资中筠：《启蒙与中国社会转型》，社会科学文献出版社 2011 年版。

（二）

1. Cassirer, Ernst. *The question of Jean-Jacques Rousseau.* Translated

and edited by Peter Gay, Bloomington: Indiana University Press, 1963.

2. Parker. *The philosophy of value*. Ann Arbor, The University of Michigan Press, 1957.

3. W. D. Hudson. *The Is-Ought Question*. New York: St. Martin's Press, 1969.

4. Hudson, William Henry. *Rousseau and naturalism in life and thought*. Edinburgh: T.&T.Clark, 1903.

5. R.B.Perry. *General Theory of Value: Its Meaning and Basic Principles Construed in Terms of Interest*. New York: Longmans, Green and Co, 1926.

6. Cooper. Laurence. *Rousseau, nature, and the problem of the good life*. University Park, Pa: Pennsylvania State University Press, 1999.

7. David Wiggins. *Needs, values, truth: essays in the philosophy of value*. Oxford, Clarendon Press, 1987.

8. Gildin, Hilail. *Rousseau's Social contract: the design of the argument*. Chicago: University of Chicago Press, 1983.

后　记

　　启蒙标志着人类历史中的重要一刻，它以其特有的思维方式和精神气质为现代教育提供了合法性给养。事实上，不仅现代教育是启蒙宏大抱负的产儿，而且整个启蒙思想的创发和传播，本身就是一场巨大的教育运动。

　　然而，对启蒙与现代教育的反思，却一直让我深陷启蒙现代性制造的"困扰"：我们常说教育要关切"具体的"个人，帮助个体实现自身的圆满，而我选择"回到启蒙"这样的"纸上空谈"，其价值究竟何在。如影随形的困惑与挣扎，从七年前动笔写下这个话题，在今天依然困惑着我。

　　这份犹疑在其开端处，部分源于我有意无意中，拒绝与"具体"太具体的接近有关。这种"拒绝"，有"力所不逮"的自知与无奈，也有我刻意的"疏远"。确实，"教育要关怀具体"，但任何一种意义上的教育，都不可能仅仅经由一个"具体的"示范或者一种策略、一个技巧，让个体幡然改观。教育的"具体"关怀，本质上应该通过关怀"较大的普遍性"来关怀"个人的具体"。这种"普遍性"在教育现实中的运用，唯有呈现为一种"精神性"的传承，一种"反思性"的智慧，才是重要并且恰当的。或许，正是在这里，我们能够发现"回到启蒙"对于反思现代教育的可能意义。

由"哲学之思"关注"教育的具体"，是十年前攻读博士学位期间导师袁贵仁教授提示的一个研究方向。哲学与教育的本源性关联，当年只是囫囵地懂得。按照康德，哲学本是教人祈向至善之学，是对何为善好生活，以及善好生活如何可能的普遍关怀，它需要理智训练和意义追问，而这正是教育的题中之意。因此，哲学不能将自身锁于"概念思维"，教育也确实需要在"勤于实干"的同时，迎受心智的考究。

感谢石中英老师、范文霞老师。遥想博士后生活那几年，每当我茫然无绪优柔犹疑时，总能从二位老师那里得到最诚挚、最及时的理解、鼓励与帮助。感谢我的爱人、我的儿子。那些辗转反侧、难以成眠的焦灼时刻，你们给我温暖、支持和安慰。

"启蒙话题"落笔之初，儿子刚刚告别小学的懵懂。他读中学这些年，有意无意间，我们一起选择了一个相对"自由"也"节制"的学习和生活状态。六、七年过去，现如今他已长成博雅燕园里一名踌躇满怀的青葱少年。这其间的无数过往，难能可贵地构成着我对于现代教育思考的许多真切体验。

本书主体部分的写作，完成于 2008 年。2011 年，我承担了国家社会科学基金项目"西方现代公民观反思研究"。这一课题研究的缘起，某种意义上是对当年"启蒙传统和教育现代性"问题思考的一个接续。近年来关于"权利公民"与"德性公民"的相关思考，也进一步拓展了我对"启蒙问题"的理解。感谢北京师范大学价值与文化研究中心将本书列为"当代价值与文化"丛书资助出版计划。人民出版社的编辑为本书的出版做了大量细致且极富耐心的工作，在此一并表示衷心的谢忱。

王萍　2013 年 10 月

责任编辑:娜　拉
装帧设计:王　琦
责任校对:张　彦

图书在版编目(CIP)数据

启蒙传统与教育现代性/王葎 著.-北京:人民出版社,2014.3
ISBN 978－7－01－013334－8

Ⅰ.①启…　Ⅱ.①王…　Ⅲ.①传统教育-研究-中国　Ⅳ.①G41

中国版本图书馆 CIP 数据核字(2014)第 049853 号

启蒙传统与教育现代性
QIMENG CHUANTONG YU JIAOYU XIANDAIXING

王　葎　著

人民出版社 出版发行
(100706　北京市东城区隆福寺街 99 号)

北京汇林印务有限公司印刷　新华书店经销
2014 年 3 月第 1 版　2014 年 3 月北京第 1 次印刷
开本:710 毫米×1000 毫米 1/16　印张:17.5
字数:200 千字

ISBN 978－7－01－013334－8　定价:39.00 元

邮购地址 100706　北京市东城区隆福寺街 99 号
人民东方图书销售中心　电话 (010)65250042　65289539